KB133666

어떻게 재치 있게 농담할 것인가?

어떻게
재치 있게 농담할 것인가?

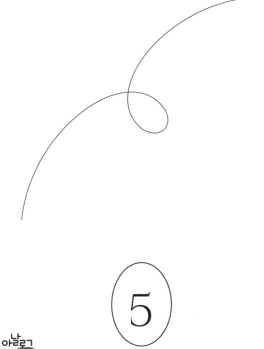

마르쿠스 툴리우스 키케로 | 마이클 폰테인 엮음 | 김현주 옮김

아날로그

농담은 위대한 지혜이며
농담에는 때로 신랄함이 서린다.

마테우스 델리우스, 『농담의 기술』(4.399~400)

일러두기

이 책은 마르쿠스 툴리우스 키케로의 *De Oratore*와 마르쿠스 파비우스 퀸틸리아누스의 *Institutio Oratoria* 중 일부를 발췌 번역하고 설명을 덧붙인 것이다. 프린스턴대학교 출판부의 Ancient Wisdom for Modern Readers 시리즈 중 *How to Tell a Joke: An Ancient Guide to the Art of Humor*를 우리말로 옮겼다.

들어가기에 앞서
만담꾼 집정관 키케로의 농담의 기술　　　　9

제1부 어떻게 재치 있게 농담할 것인가
　재치 있고 도움이 되는 농담이란　　　41
　카이사르가 크라수스의 반론을 인용하다　　　49
　농담이 불러오는 웃음에 대하여　　　62
　사람들은 어떤 농담을 좋아하는가　　　76
　말장난으로 농담하기　　　83
　대상을 이용하여 농담하기　　　99
　마지막 발언　　　126

제2부 유머의 기술에 관하여
　키케로와 퀸틸리아누스에 관하여　　　131

웃음을 끌어내기 힘든 이유   133

유머의 여섯 가지 특징   140

어떻게 유머를 사용해야 하는가   145

웃음을 끌어내고 사람의 마음을 얻는 법   152

재치 있는 농담에 관하여   157

농담의 종류와 기술   162

수사적 표현을 이용하기   174

예상을 깨뜨리고 상황을 곡해하기   189

다르게, 틀리게, 부정확하게 말하기   194

유명한 대사와 노래가사를 인용하기   201

무표정을 이용하기   205

도시적 세련됨에 대하여   209

에필로그
농담을 어떻게 받아들일 것인가   217

참고문헌   220

만담꾼 집정관 키케로의 농담의 기술

유머는 학습 가능한 기술인가, 아니면 타고나는가? 키케로는 2,000년도 전에 이런 생각을 했다.

기원전 106년에 태어난 마르쿠스 툴리우스 키케로Marcus Tullius Cicero는 고대 로마의 최정상에 올랐다. 수많은 어려움을 딛고 43세의 나이로 로마의 국가 원수이자 최고 책임자, 총사령관이라 할 수 있는 집정관에 당선되었다. 그는 집정직을 시작한 지 1년 만에 쿠데타를 진압했으며 로마의 구원자라는 찬사를 받았다.[1] 임기를 마친 후 법정 변호사로 개인 활동을 재개했지만 그 뒤로도 로마 정치에 막강한 권력을 행사

---

1 로마는 집정관, 부 집정관(이라고 부르는) 대신 매년 두 명의 집정관을 선출했고 두 사람이 함께 일했다. 기원전 63년 키케로의 공동 집정관은 가이우스 안토니우스 히브리다Gaius Antonius Hybrida라는 부패한 악질이었다. 그는 이어지는 대화에 나오는 마르쿠스 안토니우스의 아들이었다.

했다. 은퇴 후에는 깊고 긴 울림을 주는 철학서들을 저술했다. 그런데 그것만으로는 충분하지 않았는지, 한 고대 자료에 따르면 키케로는 역사상 가장 유쾌한 두 사람 중 하나였다고 한다.

　고대 로마의 황혼기에 마크로비우스Macrobius라는 작가는 키케로의 농담을 『농신제』[2]라는 대화집에 다수 인용했다. 그보다 수 세기 전에는 키케로의 비서였던 티로Tiro도 키케로의 농담 모음집을 만들었다(그 모음집은 오늘날 유실되었지만 마크로비우스를 비롯하여 이 책에 언급된 다른 작가들이 활동하던 시대에는 남아 있었다). 마크로비우스는 서문에 인상적인 말을 덧붙인다.

　　　로마가 낳은 가장 걸출한 능변가 두 사람, 희극인 플라우투스Plautus와 연설가 키케로는 농담에도 선수였다. (…) 키케로의 적군들마저

2　12월에 행해졌던 고대 로마의 축제. - 옮긴이 주

그를 으레 '만담꾼 집정관'이라고 부르곤 하지 않았던가?[3]

'만담꾼 집정관stand-up Consul', 라틴어로 콘술라리스 스쿠라consularis scurra라는 표현은 참으로 놀랍다. 키케로의 적들이 의미하는 바는 그가 꼿꼿이 서 있는 사람이라는 뜻이 아니었다. 키케로가 스탠드업 코미디언처럼 행동하는 최고 책임자라는 의미였다.

마크로비우스는 키케로가 세상을 떠난 지 500년 후 책을 썼으나 당대 자료를 반영했다. 그중 일부는 키케로의 전기 작가이자 그리스 수필가 플루타르코스Plutarch(약 46~120년)의 글에서 인용했다. 플루타르코스는 키케로의 농담을 평가하며 다음과 같이 기록했다. "키케로는 종종 농에 도취되어서 이야기가 만담

---

3 『농신제』 2.1.10~12. 현대의 학자들은 티로의 모음집에서 53개의 농담을 골라냈다(칼 프리드리히 빌헬름 뮐러Carl Friedrich Wilhelm Müller의 논문 「Ciceronis Facete Dicta」(1879)).

으로 전환되곤 했다."**4**

플루타르코스는 두 가지 사실을 지적했다. 첫 번째로는 모든 유머에는 모호성이 있어, 누군가**와 같이** 웃는 것과 누군가**를** 비웃는 것 사이의 구분이 어렵다는 점이다. 한 미국 영화의 유명한 장면이 잘 드러내듯, 이는 한 끗 차이다.

헨리: (크게 웃는다) 진짜 웃기다. 너 정말 웃겨.

토미: 내가 웃기다는 게 무슨 말이야?

헨리: 아, 그러니까, 이야기, 그 이야기가 웃기다고. 넌 웃긴 사람이고.

토미: 뭔 말이지? 내가 말하는 방식을 말하는 거야? 뭐지? (…) (위협하듯) 내가 뭐 어떻게, 광대처럼 웃겨? 내가 널 웃기고 있니? 나 때문에 웃겨? 내가 무슨 여기 널 웃기러 왔어? '웃기다'니 그

---

4 『키케로와 데모스테네스 비교』 1.4.

게 무슨 말이야? 어떻게 웃긴데? 내가 어떻게
웃기냐고!

- 영화 〈좋은 친구들〉(1990)

플루타르코스가 지적하는 두 번째 사실은 **만담
꾼**과 **대중 연설하는 정치인** 사이에 존재하는 차이
도 아주 얇디얇은 종잇장 정도밖에 되지 않는다는
점이다. 이 책에 나오는 두 번째 저자 퀸틸리아누스
Quintilianus는 키케로의 적대자들이 마음에 품고 있었던
생각을 예시로 사용한다(47).

공직에 출마한 한 후보가 있었는데, 그의 아
버지는 그가 요리사가 되리라 기대했다고 한
다. 그가 어떤 이에게 자신을 찍어달라고 청
탁하러 갔을 때 곁에 서 있던 키케로가 끼어
들었다.

"바비큐 파티나 준비하시오, **내가** 지지해줄 테니!"

퀸틸리아누스는 난색을 표하며 논평한다. "그건 저속한 만담이었다."

퀸틸리아누스의 걱정은 당연하다. 재치와 저속한 익살 사이의 경계는 품위에 심각한 위협이 될 수 있다. 그러나 동시에 힘의 원천이 될 수도 있다. 키케로도 이 사실을 잘 알고 있었다. 키케로가 자신의 글에서 강조하듯(244-247) 유머는 연설가와 희극인 사이의 구분을 무너뜨릴 수 있으며 정치 연설과 만담 사이도 마찬가지다. 제대로만 사용하면 유머는 당신에게 사회적, 정치적 권력은 물론 선거에서 당선까지 안겨줄 것이다. 생각만 해도 가슴이 벅찰 지경이다.

그러나 때로 농담은 그런 권력을 무너뜨리는 실마리가 되기도 한다.

한 로마 병사가 술집으로 들어온다. 그는 바텐더에게 다가가 두 손가락으로 V 모양을 만들어 보이며 이렇게 말한다. "다섯 잔 주세요."

참 재밌는 농담 아닌가? 그러나 이는 키케로와 퀸틸리아누스가 흥미를 두던 종류의 농담이 **아니다.** 로마는 이처럼 훗날 셰익스피어풍의 희극 무대부터 길거리 공연, 스탠드업 코미디로까지 발전하는 풍부한 유머 전승을 가지고 있었다. 하지만 키케로와 퀸틸리아누스는 거기서 완전히 등을 돌린다. 그들은 오락이 아닌 전쟁 무기로써의 농담에만 관심이 있었다. 재판이나 선거는 그들의 전장이었고 연설가나 전문 대중 강연자가 그들의 병사였다. 플루타르코스는 이렇게 설명한다.

키케로는 재판에서 관습을 무시하고 반어법

을 사용하여 진지한 논쟁을 웃음거리로 만들어 상대를 약 올리곤 했다. 중요한 건 이기는 것이었다.[5]

이제부터 우리는 플루타르코스의 설명이 의미하는 바를 다양한 예시를 통해 살펴볼 것이다. 웃음을 유발하는 것은 키케로가 구사했던 기술의 주요 특징이지 어쩌다 발생한 오류가 아니다.[6] 키케로는 농담을 이용하여 대중의 마음을 얻는 기술을 가르치고자 한다. 코미디언이 관중의 마음을 얻기를 원하듯 변호사는 재판에서, 정치인은 선거에서 이기기를 원한다. 키케로보다 한두 세기 이후에 활동했던 로마 시인 호라티우스Horatius는 농담이 승리에 효과적인 이유를 정확히 포착한다.

---

5 「키케로와 데모스테네스 비교」 1.4.

6 ‘it's a feature, not a bug’라는 표현은 컴퓨터 프로그램 등에서 버그로 인한 오류가 아니라 원래 그런 것이라는 의미의 농담이다. - 옮긴이 주

농담은 중요한 문제들을 심각하게 다루기보다는 효과적으로, 효율적으로 지적한다.[7]

엄숙함은 구축하기 어려워도 무너뜨리기는 쉽다. 한 마디의 재치 있는 농담은 진지한 소송 절차 — 가령 형사 재판 같은 — 의 인위적인 모습을 폭로하고 그 방향을 전환할 수 있다. '아이고, 이 사람아. 저 사람이 '진짜' 그 일을 저질렀는지, 그날 실제로 무슨 일이 일어났는지 우리가 어떻게 알 수 있단 말인가? 사실은 전부 지어낸 이야기 아닌가? 그리고 '우리'가 누구라고 판단하겠는가?' 농담은 이걸 할 수 있다. 총알이 유리창을 산산조각 내듯 제4의 벽[8]을 부술 수 있고 배심원의 생각을 다른 방향으로 돌릴 수 있다. 한마디 농담은 매우 위험한 전략이지만 이를 통해 원

---

7 『풍자시』 1.10.14-15.

8 연극에서 객석과 무대 사이의 가상의 벽. – 옮긴이 주

하는 결과를 얻을 수도 있다.

하지만 여느 무기처럼 농담도 역효과를 낼 수 있다. 사람들은 공개적으로 망신당하는 것을 싫어하며 그 순간을 잊지 않는다. 키케로는 자기 자신이 잘난 줄 알았다. 그러나 다른 사람들은 그를 얼간이로 여겼고 적당히 반응해주었다. 플루타르코스는 말로 상대를 공격하려는 충동을 참지 못하는 키케로의 성정이 그를 몰락과 죽음에까지 이르게 한 표면적인 요인이라고 생각했다. 그 결정적인 단점은 그의 저서 중 키케로의 생애를 다룬 『키케로의 생애』에서 반복적으로 언급된다. 웃긴 것은 키케로 **스스로**도 이 사실을 알고 있었다는 점이다. 그가 자신의 저작에서 화자의 입을 빌려 말한 바를 옮기면 다음과 같다.

그것이 바로 영민한 재담꾼들에게 가장 어려운 일이다. 사람들과 상황을 살핀 후 머릿속에 떠오르는 재밌는 말이 확실한 웃음을 보장

한대도 꾹 참아내는 것 말이다.[9]

> Q: 남성 염색체와 여성 염색체의 차이를 어
> 떻게 구분하나요?
> A: 유전자를 확인하세요.

유머humor란 참 재밌는 것이다. 라틴어에서 유머라
는 단어는 생화학적이라는 의미가 있다. 오늘날 우리
는 기분이 좋지 않거나 일탈행동을 할 때 그 원인을
세로토닌이나 도파민 같은 화학 물질의 불균형 원인
으로 돌리기도 한다. 로마인들은 가래나 흑담즙 같은
체액[10]을 이야기하면서 기분이나 일탈행동의 원인을
체액의 불균형으로 돌렸다. 이처럼 유머에 대한 인식
이 예나 지금이나 크게 달라지지 않았다는 점이 흥미

---

9 221절. 이후에 언급되는 필리프 멜란히톤의 주장도 같다(「농담의 기술에 관한 몇
   가지 견해A Few Thoughts on the Art of Joking」1555, A6v).

10 humor의 또 다른 뜻. – 옮긴이 주

롭다.

　고대 로마 사람들은 유전자에 대해서는 아는 바가 없었으나 유전학에는 해박했다. 그들은 바보가 아니었다. 그들도 어떤 성격이 선천적이고 후천적인지 알았다(영어에서 '선천적인innate'이라는 단어는 출생 환경을 의미하는 유전학 용어인 라틴어 나투라natura에서 파생했다). 그들은 사람의 경향에 대해서도 알고 있었다. 어떤 사람들은 특정한 능력, 가령 운동이나 노래, 연설, 심지어 농담까지도 다른 사람보다 더 쉽게 해냈다. 이론적으로 당신이 키케로와 마찬가지로 유머에 적절한 비율의 체액을 가지고 태어났다면 당신은 유머러스한 사람일 것이다. 그것도 타고난 재담꾼 말이다.

　만일 그렇지 않다면? 당신은 재담꾼이 될 수 있을까? 그리고 만일 타고났다면 그 능력을 거기서 더 발전시킬 수도 있을까? 이 질문은 우리를 키케로의 책으로 인도한다. 고대에서부터 현재에 이르기까지, 유머를 다루는 현존하는 책 중 가장 긴 논고를 자랑하는 바로 이 책으로 말이다.

이 책의 형식에 대하여

세상에 널리 전할 좋은 아이디어가 있다면 이를
선보일 방법은 다양하다. 글로 쓰거나 테드^{TED}에서
강연을 할 수도 있고 시나 영화로 녹여낼 수도 있다.
마지막 선택지인 영화는 인문학적 학습의 전형적인
형식이겠다. 퀸틸리아누스는 비교적 쉬운 방법, 즉
생각할 거리를 그냥 말하는 방법을 사용했다. 하지만
키케로는 어떠한 상황을 바탕으로 한 대화, 다시 말
해 대본을 만들어서 독자들이 머릿속으로 그려낼 수
있는 상상의 세계를 구축했다. 그는 제각기 고유한
성격을 지닌 실제 인물들을 소환하여, 그 인물들을
통해 유머에 관한 자신의 생각을 내보인다.

이 책에 소개되는 유머에 관한 논고는 독립적인
내용이지만 키케로는 이를 『완벽한 연설가에 대하
여』에 수록했다. 이 작품은 대중 연설 기술의 모든 면

면을 포함하는 키케로의 대표작이다. 키케로는 이 책을 기원전 55년, 집정직을 마치고 8년이 지난 후이자 암살로 생을 마감하기 12년 전에 저술했다. 하지만 본문의 대화가 그 시기에 있었던 것은 아니다.

잠시 생각해보자. 36년 전 고향에서 무슨 일이 일어났는지 기억할 수 있는가? 기원전 55년 고대 로마라면 기원전 91년으로 돌아가는 것이다. 당시 로마 세계는 일명 동맹시전쟁(기원전 91~88년)으로 알려진 끔찍한 유혈 충돌을 몇 주 앞둔 고요한 상황이었다.[11] 키케로는 이 책에서, 그 시기 로마의 수도가 아닌 부자들의 여름 별장지였던 한적한 교외 튀스쿨룸의 한 저택을 배경으로 한 대화라는 설정을 취한다. 그는 조부 시대의 유명한 연설가 다수를 끌어내어 그들이

---

11   로마 역사의 변곡점이었던 '동맹시 전쟁'은 우스운 사건이 아니지만 가끔 농담식으로 '의존 전쟁The War of Dependence'이라고 불린다. 로마의 '동맹' 도시들이 로마에 대항하여, 심지어 제국의 손아귀를 벗어나기 위함이 아니라 시민권을 얻기 위해 전쟁을 일으켰기 때문이다.

몸담았던 영광스러운 날들을 이야기하고 재현하게 한다.

모순적이게도 우리가 이 책에서 만나볼 세 명의 연사는 율리우스 카이사르, 크라수스, 마르쿠스 안토니우스인데 이들은 로마사를 공부하는 학생들에게 낯익은 그 유명 인사들이 아니다. 이 책에 등장하는 카이사르는 갈리아를 점령한 그 유명한 정복자가 아니라, 당시 유명한 재치꾼이었던 가이우스 율리우스 카이사르 스트라보 보피스쿠스Gaius Julius Caesar Strabo Vopiscus(기원전 130~87년경)이다. 키케로는 그를 로마 역사상 가장 유쾌한 연설가로 손꼽으며, 대화 안의 다른 연설가들은 그를 가벼운 농담의 선구자로 여긴다.[12] 율리우스의 재담을 읽다보면 반짝이는 빛이 여기저기 흩어지는 것 같다(218에 나오는 그의 농담을 놓치지 마시라). 그

---

12 키케로는 다른 저서 『브루투스』 177, 『의무론』 1.108과 1.133에서, 이 책에서는 3.30과 2.98 뒷부분에서 언급한다.

는 이 대화를 나누고 5년 후 살해당했다. 또한 여기 나오는 크라수스는 로마 역사상 가장 부유했던 그 사람이 아니라, 한 차례 집정관을 지냈고 당대 최고의 연설가였던 루키우스 리키니우스 크라수스Lucius Licinius Crassus(기원전 140~91년)이다. 그는 이 대화가 이루어지고 며칠 후에 세상을 떠났다. 또한 이 책에 등장하는 마르쿠스 안토니우스도 클레오파트라가 사랑했던 그 사람이 아니라 그 사람의 조부로, 기원전 143년에 태어나 99년에 집정관을 지냈고 카이사르 스트라보와 마찬가지로 기원전 87년에 암살당했다.

이 책에 수록된 두 번째 논고의 저자 퀸틸리아누스에 대해서는 그렇게까지 자세히 알 필요는 없다. 그는 플루타르코스보다 약 10년 앞선 기원전 35년경, 로마 제국 끄트머리에 있는 지금의 스페인 지역에서 태어났으며 연설을 공부하는 데에 생을 바쳤다. 다른 교사들처럼 그 역시 오직 관직에 있는 이들을 가르쳤다. 말년에 이르러 로마의 라틴어 수사학교의 첫 학장을 맡으면서 그는 『연설가 교육』이라는 훌륭한 교재를 집필했다. 키케로의 책과 마찬가지로 유머에 관한 퀸틸리아누스의 논고도 모든 연설가가 숙달해야 한다고 여겨지는 내용으로 분류되어 있다. 이는 퀸틸리아누스가 키케로의 논고를 세심하게 읽었음을 증명하는 바일 테지만, 유머에 관한 퀸틸리아누스의 분석은 키케로와 상이하며 그 자체로도 흥미롭다.

유머의 르네상스

서로마의 몰락과 함께 퀸틸리아누스 이후 1,400년간 유럽에서 유머에 관한 이론서를 집필한 인물은 없었다. 키케로와 퀸틸리아누스의 두 논고는 중세에도 연구 대상이었지만, 르네상스 시기에 이르러 새로운 장이 열렸다. 이 분야에 처음으로 두각을 나타내기 시작한 사상가 조반니 폰타노 Giovanni Pontano (1426~1503년)는 재치나 유머를 가리키는 추상적인 라틴어 낱말 '파케투도 facetudo'를 새로 만들었으며, 이에 관한 사회적 덕목을 상세하게 분석해낸다.[13] 두 세대가 지난 후 독일의 종교개혁가 필리프 멜란히톤Philip Melanchthon(1497~1560년)이 농담에 관한 키케로와 퀸틸리아누스의 분류를 재논의하며 그들의 전술상 이점을 강조한다. 그러나 그의 논의는 대체로 아리스토텔레스에게서 차용한 새로운 구조와 성서, 고대 그리스, 중세 독일, 프로테스탄트 그리스도교 역사에서 가져온 예시로 이루어졌다.

멜란히톤의 글은 유머에 관한 마지막 인문학적 논문이며, 「농담의 기술」이라는 제목의 교훈적인 라틴어 시 서문에 나온다. 그 시를 쓴 시인은 마테우스 델리우스Mattheus Delius(1523~1544년)라는 젊은 독일인이었다. 델리우스는 비극적이게도 21세의 나이로 사망하면서 자신의 시를 사본으로 남겼고, 멜란히톤이 이를

---

13 G. W. 피그만Pigman, 「조반니 조비아노 폰타노: 연설의 선과 악Giovanni Gioviano Pontano: The Virtues and Vices of Speech」, 2019.

11년 후에 출판했다. 키케로나 퀸틸리아누스, 멜란 히톤과 달리 델리우스는 농담을 대화의 무기로 사용하는 데 관심이 없었다. 영어학자 바버라 보윈^{Barbara Bowen}이 언급하듯 "그에게 재치는 논쟁이 아니라 오락과 친교를 위한 것이었다."[14]

키케로의 대화록 앞부분에서 카이사르는 농담 반 진담 반으로 웃음이 어디서 시작되고 어떻게 작용하는지에 관해 질문할 사람은 연설가가 아니라 철학자라고 말한다(235). 19세기 독일 철학자들, 그중에서도 쇼펜하우어는 이 말을 진지하게 받아들였다. 프로이트와 쇼펜하우어의 영향을 받은 이들이 그 뒤를 따르며 심리학과 정신분석학, 정신의학 분야에서 각각 유머를 다루는 길을 닦아놓았다.

그러나 이는 실수였다. 농담은 철학이 아니라 수

---

14 바버라 보윈Barbara Bowen, 「외면당한 르네상스 시대 농담의 기술A Neglected Renaissance Art of Joking」, 2003, 146쪽.

사학에 속한다. 다시 말하지만 철학자에게 유머를 분석하라고 하는 것은 돌고래를 수산시장에서 파는 것과 같은 범주 오인이다.[15] 지금 다시 생각해보면 키케로는 처음부터 이를 알고 있었던 것 같다.

> Q: 스파이더맨은 왜 개봉할 때마다 인기가
> 좋을까?
> A: 큰 힘에는 큰 반응이 따르기 때문이지.[16]

키케로의 질문으로 다시 돌아가서, 유머는 과연 학습 가능한 기술일까? 2,000년이 흘렀지만 아직 결론은 나지 않았다. 제이 생키Jay Sankey는 아니라고 말하고 조엘 스타인Joel Stein은 그렇다고 답한다. 마크 설트바이트Mark Saltveit는 복잡한 문제라고 한다. 이 세 사

---

15 존 모리얼John Morreall, 「유머에 관한 철학Philosophy of Humor」, 2016.

16 영화 〈스파이더맨〉에 등장하는 대사 "큰 힘에는 큰 책임이 따른다"를 패러디하여 만든 농담. - 옮긴이 주

람은 유머에 관한 한 저마다 의견을 구해볼 만한 코미디언들이다.

제이 생키는 노련한 스탠드업 코미디언이자 『선불교와 스탠드업 코미디의 기술』의 저자다. 그는 이렇게 말한다.

> 나는 사람이 배워서 재미있어질 수 없다고 믿는다. 책으로도, 32주 수업으로도 배울 수 없다. 당신이 재미있는 사람이건 아니건 말이다. 하지만 당신이 선천적으로 재미있는 사람이라면 스탠드업 코미디를 배울 수는 있다. (…) 그러므로 '재미'는 학습될 수 없지만 재미있는 사람들은 스탠드업을 학습할 수 있다.[17]

---

17 제이 생키Jay Sankey, 『선불교와 스탠드업 코미디의 기술Zen and the Art of Stand-Up Comedy』, 1998, ⅹⅴ, 원본 강조 그대로.

유명한 코미디언이자 한때 『타임』에 17년간 유머 칼럼을 기고했던 시트콤 작가 조엘 스타인은 위 의견에 반박한다. 그는 내게 "유머는 수학이다"라고 말했는데, 이는 유머가 한정된 공식으로 환원되며 이를 배우고 훈련할 수 있다는 의미였다. 사람의 지능은 저마다 다르고 어떤 사람은 다른 이들보다 더 타고난 것도 맞다. 하지만 시트콤 작가의 작업실은 유머가 계산에 의해 나올 수 있다는 증거가 된다. 한 가지 예를 살펴보면 알 수 있을 것이다. '등불 밝히기Hang a Lantern'[18]처럼 특징적으로 분류된 농담이 있다. 농담이 필요하면 그중 하나를 고르기만 하면 된다.[19] 이는 키케로와 퀸틸리아누스의 논고에 마지막으로 등장하는 농담의 유형과 아주 비슷하다. 그러면서도 스타인은 어떤 사람들에게는 유머 감각이라는 일종의 기준

———

18 문맥상 모순이 되거나 믿을 수 없는 내용을 일부러 언급하면서 웃음을 유발하고 이야기가 자연스럽게 흘러가게 하는 기술. – 옮긴이 주

19 조엘 스타인Joel Stein 개인 인터뷰, 2020.

선이 **필요한 듯하기도 하다**는 말을 덧붙였다.

이 두 견해의 차이는 실제보다 더 분명하다고, 마크 설트바이트가 나와의 인터뷰에서 말했다. 설트바이트는 스탠드업 코미디언이자 팔린드롬palindrome[20] 세계 챔피언, 스탠드업 철학자이다.[21] 그는 "두 가지 결정적인 차이점이 있다"라고 말한다.

- 첫째로 스탠드업 코미디는 청중과 공연자 사이 특정한 순간의 상호작용이라는 점이다.
- 더 중요한 것은 두 번째다. 스타인은 희극 글쓰기 기술에 대해 이야기하고 있으며, 이는 명백히 학습이 가능하다. 하지만 생키는 글쓰기 기술이 아니라 희극적 감수성에 대해 말하고 있다. 이는 학습이 불가능하다. 다시 말하

---

20 회문. 앞에서 읽으나 뒤에서 읽으나 같은 말이 되는 어구. – 옮긴이 주

21 마크 설트바이트Mark Saltveit, 「도교 전도자 코미디언Comedians as Daoist Missionaries」, 2020a와 2020b

자면 어떤 말을 재미있게 만드는 방법이 아니라 그보다 앞서 재미를 발견하는 것, 결정적인 중요 구절을 구성하는 방법이 아니라 사회 풍자라든지 현대 생활의 모순과 더 관련이 많은 소재를 선택하는 것 말이다.

이러한 관점에서 보면 로마 연설가들이 연설만 한 것이 아니라 그 내용을 출판까지 했다는 점이 놀랍다. 그들의 농담은 어떤 청중을 향했던가? 이제 위의 코미디언들에게 이 질문을 할 차례다.

번역에 관하여

번역의 스타일은 다양하다. 어떤 번역은 원문에 충실하고 어떤 번역은 군더더기 없이 핵심으로 향한다. 이 책은 농담 분야의 중요한 계보를 잇는다고 말할 수 있다. 키케로는 언젠가 이렇게 말했다. "번역가로서 내 일은 은행직원이 되어 독자를 위해 동전을 일일이 헤아리는 것이 아니다. 그 무게에 맞게 보상해주는 것이다."[22] 이 정신을 이어받아 나도 농담이 라틴어처럼 재미있게 들리게 하려고 적절한 단어와 이름, 동음이의어, 표현, 문화적으로 상응하는 것들을 찾기 위해 머리를 쥐어짰다. 쓸데없이 복잡해 독자를 혼란스럽게 하거나 의미 없이 지나친 관심만 끌 것 같은 세부 내용들은 바꾸거나 삭제하기도 했다. 이를 간섭주의라고 할 수도 있겠고 아니면 착한 코미디라고 할 수도 있겠다. 하지만 코미디언은 코미디에 방해가 되는 요소를 최대한 배제한다. 나도 그렇다.

내 번역과 해설 스타일이 기나긴 계보를 잇는다고도 주장할 수 있다. 키케로의 농담을 번역한 최초의 번역가는 그의 전기 작가였던 플루타르코스로, 이 작업은 서기 약 100년경 이루어졌다. 현재 두 가지 견본이 남아 있으며 이는 플루타르코스가 키케로의 농

22 『최고의 연설가』 5.14.

담을 어떻게 다루었는지 알아보는 데 유익하다. 첫 번째는 스핑크스에 관한 농담인데, 퀸틸리아누스가 그의 논고 98절에서 인용했으며 직역으로 번역되어 있다(나는 이를 미주에 인용했다). 이 농담은 어떤 '대상'에 기반을 두기 때문에 그대로 직역한 플루타르코스의 번역은 적절하다고 할 수 있다. 그러나 언어에 기반을 둔 두 번째 농담은 그렇지 않다.[23] 아래를 보라.

이름을 들으면 상류층인 것 같은 남자가 있었다. 그는 로마 귀족처럼 보였지만 사실은 (대다수의 남자가 한쪽 귀를 뚫는 관습이 있는) 북아프리카에서 왔다는 소문이 있었다. 키케로가 법정에서 발언하고 있을 때 그 남자가 소리쳤다. "뭐라는지 알아들을 수가 없소!" 그러자 키케로

---

23   라틴어: 마크로비우스의 『농신제』 7.3.7; 그리스어: 플루타르코스의 『키케로의 생애』 26.5

가 답했다.

"당신 귀에는 거대한^whole (구멍난^hole) 문이 **있나 보오**…!"

나와는 다르게 플루타르코스는 '귀를 뚫다'와 '귓속에 소리가 새어나가는 구멍이 있다'의 뜻을 모두 갖는 라틴어의 동음이의적 표현 '베네 포라타스 아우레스^bene foratas aures'를 그대로 옮기지 못한다. 그래서 그는 그 의미를 예찬하는 결정타 구절을 다시 짰다. 그는 그리스어로 '뚫린'이라는 의미를 지닌 단어 '트레톤^trētón'과 비슷한 소리가 나는 '구멍^holes', 즉 '트리페톤^trypētón'이라는 단어를 사용하여 관악기에 뚫린 구멍이나 입구를 연상시킨다.

"당신 귀에 구멍이 부족하지는 않은 것 같은데 말이오."

이 번역이 재미있는가? 내게는 그렇지 않지만 플루타르코스는 그렇다고 생각한 것 같다. 나는 이 책에서 그의 발자취를 뒤따른다.

라틴어 원문에 관하여

키케로의 라틴어 원문은 1969년 출판된 쿠마니에츠키Kumaniecki의 것을, 퀸틸리아누스의 원문은 2001년 출판된 러셀Russell의 것을 기본으로 했다. 나는 원문을 바탕으로 대문자 사용이나 구두점, 철자 등을 자유롭게 변형했으며 중요 구절을 강조하기 위해 본문을 재구성하기도 했다. 형식의 차이를 분명히 보여야 할 때는 줄표를 덧붙였다. 근대 초기 판본에서 착안하여 때때로 뜻이 모호한 부사에 발음구별기호를 붙였고 라틴어의 차이를 분명히 하기 위해 스페인어에서 구두법을 차용했다. 마지막으로, 라틴어본과 영어본에 고대 시구를 따온 인용구임을 표시하기 위해 음표를 붙였고 각 논고의 구조를 설명하기 위해

부제를 달았다. 운이 좋다면 전부 이해할 수 있을 것이다.

제1부
어떻게 재치 있게 농담할 것인가

키케로 『연설가에 대하여』 제2권

재치 있고 도움이 되는 농담이란

안토니우스

[216b] (…) 유머와 농담은 재미있기도 하지만 때로는 좋지 않은 영향을 미치기도 하네. 대중 연설에 대한 다른 모든 기술은 규칙으로 가르칠 수 있겠지만 유머는 명백히 타고나는 것이라 규칙만으로는 부족하다네.

카이사르, 내가 보기에 자네는 다른 이들보다 농담에 훨씬 재능이 있기에 농담이 과연 배워서 습득할 수 있는 기술인지 아닌지에 대한 내 의견을 뒷받침해 줄 수 있겠고, 만일 배울 수 있다면 자네야말로 우리를 가르치기에 가장 적합한 사람일 걸세.

카이사르

[217] 사실 나는 어지간한 희극인이면 어떤 주제든 그저 재치 있는 정도 이상으로 훨씬 더 재미있게 이

야기할 수 있다고 생각하네. 그런데 설명하자면 이렇지. 언젠가 나는 『유머에 관하여』라는 제목의 그리스 책들을 보고 거기서 무언가 배울 수 있으리라는 생각에 들떴네. 그 책들에는 그리스식 재담과 농담이 가득 차 있었고, 의미를 이해하기도 어렵지 않았지. 시칠리아와 로도스섬, 비잔티움, 그리고 그중에서도 아테네 사람들은 이 영역의 선두주자들이니까 말이야.[24] 그러나 그들이 재담과 농담을 도식화하고 체계화하여 그 뒤에 숨은 '규칙'을 가르치려 하자 너무 터무니없어져서 그 우스꽝스러움에 웃음이 터질 수밖에 없었네! [218] 그래서, 적어도 나는 자네가 원하는 이 주제를 가르칠 수 없다고 생각하네.

사실 농담은 두 가지 형식으로 나타난다네. 첫 번

---

24   제이 생키와 비교(1998, xvi): "스탠드업 코미디에 관한 좋은 책이 많지는 않지만, 유명한 스탠드업 코미디언들이 쓴 농담의 기록은 종종 보았다. 전문가들의 멋진 농담을 읽고 따라 웃는 것은 재미있을 수 있겠으나 그것이 스탠드업 코미디에 대해 많은 것을 가르쳐주는지는 잘 모르겠다."

째 형식은 이야기 전체에 퍼져 있는 것이고, 두 번째 형식은 빠르고 예리하게 치고 나오는 방식이네. 선조들은 전자를 '개인 특유의 익살', 후자를 '한마디 공격'이라고 불렀지. 둘 다 의미가 통하고 재미있는 명칭이야. 사람을 웃게 만드는 일은 (윙크) '웃기는' 것이기 때문이네.[25]

[219] 그렇지만 안토니우스, 자네 말이 맞아. 나는 유머가 재판에서 큰 성과를 거두는 경우를 자주 보았네. 첫 번째 종류인 이야기 전체에 퍼져 있는 농담, 즉 개인 특유의 익살에는 규칙이 필요 없지. 사람은 저마다 다른 유전적 특징이 모여 각각의 특질을 지니는데, 바로 이 유전적 요인이 어떤 사람을 재미있는 성

---

25 Leve nomen habet utraque res – quippe! "Leve" enim est totum hoc risum movere. 여기서 카이사르는 '가벼운'이라는 뜻의 라틴어 레베 leve와 '미끄러지는'이라는 뜻을 지닌 라틴어 레-베lēve, 두 동음이의어로 말장난을 한다. 그 동음이의어를 표시하기 위해 사용하는 단어 퀴페quippe는 '그래, 맞다'를 의미한다. 시간이 지나서 그 단어는 빈정대는 어조를 입어 '그으래, 맞다.'가 되었고, 마침내 현대 영어의 퀴prquip('비꼬다')으로 변했다.

대모사의 달인이나 이야기꾼으로 만들어준다네. 물론 여기에 표정이나 목소리, 말투가 추가로 필요하기는 하겠지. 그런데 하물며 재치 있는 말이 툭 튀어나와 허를 찔러야 하는 두 번째 종류의 농담, 즉 한마디 공격에 어떻게 규칙이 있을 수 있겠나?

[220] 말하자면, 필리푸스^{Philippus}가 여기 있는 내 고함쟁이 형 카툴루스^{Catullus}[26]에게 "왜 그렇게 소리 지르는 것이오?"하고 물었을 때 농담의 규칙은 내 형에게 아무 도움이 될 수 없었던 것 같다는 의미네. 필리푸스의 질문에 형은 이렇게 쏘아붙였네.

"도둑놈을 보았으니까!"

---

26 카이사르 스트라보에게는 카툴루스라는 한참 나이 많은 이부형제가 있었다. 카툴루스의 이름은 '현명한'과 '강아지'를 동시에 의미한다. 카툴루스는 기원전 102년 집정관을 지냈고 이 책에 실린 대화보다 앞부분에 등장하여 대화에 참여한다.

또한 스카이볼라^{Scaevola}와 맞붙었던 유산관계법정이나 브루투스^{Brutus}에 맞서 가이우스 플란쿠스^{Gaius Plancus}를 변호했던 법정에서 크라수스가 했던 발언에 규칙이 무슨 도움이 되었겠나? 안토니우스, 자네가 나에게 표하는 경의는 크라수스에게 돌아가야 하네. 크라수스야말로 거의 유일하게 두 종류의 재치, 그러니까 이야기를 계속 이어나가게 하는 첫 번째 종류와 절묘하게 맞받아치는 두 번째 종류의 재치에 정통한 사람이기 때문이지.

[221] 스카이볼라에 맞서 쿠리우스^{Curius}를 변호하는 그의 연설은 우호적인 첫 번째 종류의 재치로 가득했네. 두 번째 재치에 해당하는 말은 없었는데, 이는 크라수스가 상대의 존엄을 지켜주려 했기 때문이고, 그렇게 함으로써 크라수스는 자신의 존엄도 지킬 수 있었지.

그런데 바로 이 일이 영민한 재담꾼들에게는 가장 어려운 일이네. 사람들과 상황을 살핀 후 머릿속에 떠오르는 재미있는 말이 확실한 웃음을 보장한대도 꾹 참아내는 것 말일세. 그래서 (이건 조금 웃긴데) 어떤 농담꾼들은 [222] 엔니우스^{Ennius}의 이 시구를 비틀어 말하기도 하네.

> ♫재담가는 입에 불이 붙어도 그 불을 끄기보다 좋은 조언^{bona dicta}을 참기가 더 어렵다네.♫

바로 이렇게 말이지.

> ♫재담꾼은 입에 불이 붙어도 그 불을 끄기보다 좋은 농담^{bona dicta}을 참기가 더 어렵다네.♫

그 농담꾼들은 엔니우스의 글에서 '말', '격언'을 의미하는 라틴어 딕타^{dicta}가 내포하는 '좋은' 혹은 '도움이 되는'이 '재미있는'이라고 주장하네. 왜냐하면 딕타는 그 자체로 이미 '재치 있는 농담'이라는 뜻도 지니고 있기 때문이지!

크라수스는 스카이볼라를 대하면서 이런 가벼운 방식을 멀리하고 다른 방식, 말하자면 누구도 조롱하지 않는 방식만으로 재판과 논쟁에 임했네. 하지만 평소 증오하고 모욕을 당해도 싸다고 생각했던 마르쿠스 브루투스^{Marcus Brutus}에게는 첫 번째와 두 번째 농담의 방식을 모두 사용하여 감정을 풀어놓았네. [223] 그는 브루투스가 최근에 매각한 온천을 비롯해 다 날려먹은 유산에 대해 **미친 듯** 열을 올렸네! 그 조롱들이란! 일례로, 브루투스가 "내가 무엇을 위해 여기까지 땀 흘리며 왔는지 모르겠다"라고 말했을 때 그는 이렇게 받아쳤네.

"놀랄 일도 아니지. 방금 온천에서 **막 나왔으니…**."

비슷한 예시가 셀 수 없이 많지만 계속되는 농담

의 흐름이 정말 재미있다네. 브루투스가 두 명의 독자를 불러 크라수스가 다른 청중들에게 했던 정책 연설을 큰소리로 읽어준 뒤, 크라수스가 나중에 입장을 번복했던 부분을 지적했네. 그러자 그때, 여기 있는 우리의 친구 크라수스가 박장대소하며 **세 사람**에게 브루투스의 부친이 집필한 대화집『시민법에 대하여』**세 권**을 읽어보라고 말했네. 여기서 크라수스의 반론을 인용해보겠네.

카이사르가 크라수스의 반론을 인용하다

카이사르는 크라수스의 반론을 발췌하여 인용한다. 앞부분은 브루투스 부친의 책에서 발췌한 인용문이고, 바로 뒤에 크라수스의 비판이 이어진다.

[224] 첫 번째 내용은 1권에서 가져왔네.

"내 아들 마르쿠스와 내가 언젠가 프리베르눔에 있는 우리 별장에 있었다…."

브루투스! 당신 아버지가 프리베르눔에 있는 부동산을 자네에게 물려주었다고 공식적으로 기록하고 있구려.

두 번째는 2권에서 인용했지.

"내 아들 마르쿠스와 나는 알바에 있는 우리 별장에 있었다…."

이 분은 분명 천재요, 이 나라에서 가장 똑똑한 사람일세! 그분은 (브루투스를 보며) 이 돈 새는 구멍에 대해 **알고** 있었을 걸세. 브루투스 자네가 **빈털터리**가 되면, 아버지가 아들에게 아무것도 남기지 않았다고 생각할까 봐 염려했던 것이겠지.

이제 3권인데, 이 책은 그가 저술한 마지막 책이네 (스카이볼라가 내게 말하기를, 브루투스가 인정한 진본이 세 권 있다고 하더군).

"내 아들 마르쿠스와 나는 티볼리에 있는 우리 별장에 숨어 있었다…."

브루투스, 네 아버지가 남겨준 이 사유지 세 곳이 어디 **있는가**? 이 출판된 책에 유산이 정확히 기록되어 있다! 네 아버지가 너를 다 큰 성인이라고 생각하지 않았더라면 아마 네 번째 책에 이렇게 기록하지 않았을까.

"내 아들과 나는 우리 온천에서 대화를 나누고 있었다…."

[225] 모두가, 정말 **모두가** 이 농담과 조롱에 브루투스의 패배를 인정하겠지. 크라수스는 같은 재판에서 브루투스의 먼 친척인 어느 노인 여성의 장례 행렬에 우연히 들른 상황을 상정하고 연기를 펼치기도 했는데, 이 농담과 조롱은 그 '비극'처럼 효과적이었네. 세상에, **신이시여!** 자네도 그걸 **봤어야** 해, 그의 일격을! 참으로 급작스러웠고 실로 난데없었다네!

크라수스는 브루투스를 똑바로 쳐다보면서 부산스럽게 다가가더니 목소리를 높여 말을 폭포수처럼 쏟아냈네.

"브루투스! 왜 거기 앉아만 있는가? 그 노부인이 네 아버지께 가서 무슨 말을 하면 좋겠는가? 줄지어 서 있는 사면死面[27]의 주인공들에게 그녀가 무슨 말을 해야 하겠는가? 네 조상들에게는 어떠한가? 폭군에게서 이 나라를 구해낸 루키우스 브루투스Lucius Brutus에게는 뭐라고 해야 하겠는가? 이생을 살고 있는 네게는 무슨 말을 하겠는가? 네가 하고 있는 일이 무슨 업적을 달성하고 무슨 성취를 이루었으며, 또 무슨 중요한 일이라고 말을 하겠는가? 물려받은 유산

---

27 죽은 사람의 얼굴에 본떠 만든 안면상. 고대 로마에는 상류층의 장례식에 위대한 업적을 이룬 사람들의 안면상을 전시해두거나 장례 예식에 사용하는 장례법이 있었다. - 옮긴이 주

을 불리는 일? 진짜 귀족은 그런 일에는 신경
도 쓰지 않는다. 설령 그렇다 해도, 아 이런, 네
겐 남은 것이 없지! 흥청망청 다 써버렸잖은가?
[226] 네 아버지처럼 법률학교에 다닌 것? 아서
라. 그 노부인은 네가 집을 팔면서 아버지의 변
호사 의자도 같이 팔아버렸다고 고할 것이다.
군 경력? 너는 병사들을 본 적도 없지 않은가!
대중 연설에 탁월한 것? 네게는 그런 재능이라
곤 조금도 없다! 게다가 너는 네가 가진 목소리
와 혓바닥을 험담이라는 가장 수치스러운 돈벌
이 수단으로 사용하지 않았던가! 너에게는 정녕
대중 앞에 나타날, 여기 모인 이 사람들을 마주
할, 포럼과 로마와 동료 시민들에 낯짝을 비출
용기가 있단 말인가? 저 돌아가신 노부인을 보
고, 늘어선 안면상을 보고도 **겁나지** 않는가? 실
로 너는 그들을 본받을 정신적인 여지도, 그 안

면상들을 전시할 공간적인 여지도 남겨놓지 않았구나!

[227] 실로 위대한 연기였네. 현세의 수준이 아니었지. 한 번만 들어도 그의 끝없는 조롱과 정곡을 찌르는 말들을 기억할 수 있을 걸세. 왜냐하면 그 어떤 탁월한 서사극도, 대중 연설도, 그가 재직 중에 동료를 공격했던 그 연설보다 인상적일 수는 없기 때문이네. 그렇게나 멋들어진 유머가 잘 버무려진 연설은 달리 없었네. 그래서 나는 자네 의견에 동의하네, 안토니우스. 농담은 대중연설에 매우 효과적이며, 또한 농담을 체계적으로 가르칠 방법이 없다는 사실 말이야. 다른 모든 분야에서 그렇듯 이 분야에서도 크라수스에게 영예를 돌려야 하는데, 자네가 나를 그렇게나 치켜세워주어서 놀랐지 뭔가.

안토니우스

[228] 내가 크라수스를 조금이라도 질투하지 않았더라면 그리했겠지. 사실, 매우 재미있는 사람이 되는 건 그리 어려운 일이 아니네. 그러나 세상에서 가장 재치 있는 사람, 그 누구보다 가장 신랄한 사람, 세상 어떤 이보다도 가장 위엄 있으면서도 기세충천하며 동시에 그렇다고 인정받는 사람 ― 이는 모두 크라수스에게만 적용되는 말이지 ― 이 되는 건 내가 할 수 있는 일이 아니네.

[229] 크라수스가 웃음 짓자 안토니우스가 말을 잇는다.

그렇지만 카이사르, 자네는 농담이 가르칠 수 없는 기술이라고 주장하면서도 동시에 농담을 배워야 한다고 지적했네. 나도 **물론** 그래야 한다고 생각하기는 하네만.

자네는 사람들과 상황, 주변 정황을 잘 살펴야만 농담이 위신을 떨어뜨리지 않을 것이라고 했는데, 그 말이 맞네. 크라수스도 그랬지. 하지만 이 법칙은 농담이 굳이 필요치 않은 상황에서 농담하지 **않을** 때에만 적용된다네. 우리가 **진짜** 관심을 두는 부분은 우리가 어떤 상대와 맞서 논쟁하면서 농담이 **정말로** 필요할 때 어떻게 농담을 사용하느냐이지. 그중에서도 특히 어리석고 격렬하며 경망스러운 증인의 말에 청중들이 동감하는 것처럼 보일 때 증인을 어떻게 자극하는지 말이야.

[230] 일반적으로 먼저 공격하기보다는 공격에 응수하는 편이 더욱 효과적이네. 첫째로 사람의 기민함은 반응에서 더욱 잘 나타나기 때문이고, 둘째로 공격당하지 않았다면 어떤 말이든 먼저 꺼내는 것은 도리가 아니라고 여겨지므로 도발에 대한 응답이 좋은 태도로 보일 수 있기 때문이지. 예를 들어 자네가 [227에서] 언급한 그 연설에서 크라수스가 했던 모든

농담은 공격에 대응하는 말이었네. 상대가 너무 권위 있고 대단한 인물이어서, 그의 진술을 논박하는 것보다 유머를 통해 하찮아 보이게 만드는 것이 더 나은 방법이었지.

술피키우스

[231] 세상 사람들이여, 이게 바로 카이사르라네. 카이사르는 크라수스만큼 농담이 뛰어나지는 않지만, 그 역시 농담을 연구하는 데 시간을 많이 쏟아 붓는다네. 그러니 그를 그만 이 곤경에서 벗어나게 해야 할까, 아니면 유머는 강력하고 효과적인 수단이라고 인정했으니 농담의 이론, 즉 농담이 무엇이고 어디에서 시작되는지를 전부 설명하게 해야 할까?

카이사르

농담은 가르칠 수 있는 기술이 아니라는 안토니우스의 의견에 내가 동의한다면 어쩔텐가?

[232] 술피키우스가 아무런 대답을 하지 않자 크라수스가 끼어든다.

크라수스

허! 마치 지금까지 안토니우스가 이야기한 주제 중 '가르칠 수 있는 기술'이 **어느 하나**라도 있었던 것 같군. 안토니우스는 농담의 기술을 배우면 대중연설에 효과적인 수단도 알 수 있을 것이라고 말했지. 그 말이 맞네. 하지만 그런 기술을 배운다고 말을 잘할 수 있다면 세상 어느 누가 말을 잘 **하지 못하겠나?** 누군가는 그 기술을 **배울 수 없기** 때문일까? 내 생각에 이러한 법칙의 힘과 가치는 교과서처럼 **무슨 말**을 해야 할지 알려주기 위함이 아니네. 순수한 영감에서든 고심 끝에 나왔든 여러 번 시행착오를 거쳤든 간에, 할 말이 떠오르면 우리는 거의 곧바로 그 말이 옳거나 혹은 틀리다는 사실을 판단할 수 있다네. 왜냐하면 우리는 그 말이 옳은지 틀린지 판단할 수 있는 기준을 배우기 때문이지.

[233] 그러므로 카이사르, 만일 자네가 그럴 의향이 있다면 농담의 이론에 관한 생각을 듣고 싶네. 그렇게 해야 (이건 자네가 제안한 것이기도 한데,) 우리가 대중연설의 **어떤** 면도 도외시하지 않았다고 보이지 않겠나.

카이사르

흠, 크라수스 자네가 손님(자신을 가리키며)에게 이 잔치에 기여하라고 부탁하니 나도 최선을 다해보지. 내가 내 할 바를 **한다**면 자네도 우리에게 **자네** 의견을 나누지 않겠다고 거부하지 못할 테니 말이야!

유명 인사가 관객으로 있을 때 무대에 오르는 배우들의 담대함에 나는 언제나 놀란다네. 그 유명 인사가 무대 위의 실수를 알아채지 않을까 하는 걱정 없이 어떻게 그리 **무엇이든** 할 수 있을까? 내가 지금 딱 그 모양일세. 크라수스가 듣고 있는 이 자리에서 나는 처음으로 농담에 대해 말하려 하네. 속담에 나오는 '연설가를 가르치는 돼지'가 되려 하는 것이지. 일전에 내 형이 듣고는 "나머지는 나가서 풀이나 뜯어먹으라고 해!"라고 외쳐댔다는 바로 그 대단한 연설가를 말이야.**28**

크라수스

[234] 자네의 형 카툴루스는 그냥 농담한 걸세. 특히나 그의 말본새는 마치 **자기**가 천상에서 신들과 함께 겸상하는 것처럼 들리게 하니까. 그래도 자네 이야기를 들어봄세, 카이사르. 그래야 안토니우스도 (눈짓하며) '의견을 줄' 수 있을 테니.

---

28 실제 속담은 "미네르바를 가르치는 돼지"이다. 카이사르는 고쳐 쓴 문장으로 크라수스를 지혜와 예술의 신적 근원으로 추켜세운다.

안토니우스

나는 할 말이 두어 가지밖에 없는데, 이 모든 대화가 참 피곤하군. 지금까지도 긴 '여행'이었는데. (씩 웃으며) 카이사르의 이야기를 마침 딱 마주친 호텔 식당 같은 쉼터로 삼아야겠네.

카이사르

흠, (연이어 웃으며) 내 '손님 접대'가 그다지 친절하지 않았다고 말하게 될 걸세. 자네가 주전부리를 먹자마자 길바닥으로 다시 내쫓을 테니!

농담이 불러오는 웃음에 대하여

[235] (모두에게) 자네들을 더 이상 기다리게 할 수 없으니 내가 논의의 전체적인 윤곽을 잡아보겠네. 웃음에 관하여 우리가 생각해보아야 할 부분을 정리해보면 다음과 같네.

(1) 웃음이란 무엇인가?
(2) 어디에서 생겨나는가?
(3) 연설가는 사람들을 웃기려 해야 하는가?
(4) 그렇다면 얼마나?
(5) 농담의 유형에는 어떤 것들이 있는가?

첫 번째 질문, 즉 웃음은 무엇이고 어떻게 발생하며 어디에 머무는지, 어찌 그리 갑자기 일어나고 사라져서 도무지 막을 수가 없는지, 어떻게 우리의 옆구리와 입, 볼, 눈, 얼굴을 동시에 장악할 수 있는지는 데모크리토스^Democritus에게 묻는 것이 낫다네. 이 중 어느 것도 우리가 관심을 두는 사항과 관련이 없고, 있다 한들 나는 스스럼없이 모른다고 인정할 테니. 이에 대해서는 자기가 안다고 하는 이들조차 실은 잘 모르기 때문이네.[29]

[236] 두 번째 질문, 웃음이 만들어지는 곳, 말하자면 (씩 웃으며) '폭소 지구'[30]는 '수치스러운 추함'으로 형성된다네. 웃음에 이르게 하는 유일하고 확실한 방식은 우아하게 수치를 드러내고 비난하는 농담이기 때문이지.

그리고 세 번째 질문, 연설가가 사람들을 웃기려

---

29 그리스의 원자론의 창시자 아브데라의 데모크리토스(기원전 460~370년경)는 고대에 '웃음 철학자'로 알려져 있었다.

30 라틴어 레기오 리디쿨리^regio ridiculi의 번역. 파리의 라탱 지구^Quartier Latin나 뉴올리언스의 프렌치 지구^French Quarter처럼 카이사르가 사용한 단어 레기오 ^regio는 네 개의 '지역', 혹은 로마 시와 인접한 곳(수부라나, 에스퀼리나, 콜리나, 팔라티나) 중 하나를 의미한다.

해야 하는가에 대해 답하자면, 사람들을 웃기는 일은 분명 연설가의 관심사가 **맞네**. 그 이유는 다음과 같다네.

우선 자네가 사람들을 깔깔 웃게 만들면 그들은 자연히 자네 편이 된다네. 또한 모든 사람은 농담에 경탄하지. 주로 한 단어로 (눈을 찡긋하며) '농축된'[31] 농담 말일세. 그 농담이 선제공격일 때도 그렇지만 특히 맞받아치는 말일 때 더 그렇다네. 심지어 농담은 상대를 무너뜨리기도 한다네. 상대를 함정에 빠트리고 웃음거리로 만들며 단념하게 하여 결국 좌절시키지.

그리고 농담을 던지는 연설가를 교양 있고 학식이 넘치며 세련된 사람으로 보이게 한다네. 긴장을 풀어

---

31 카이사르는 '농축된'이라는 의미를 표현할 때 라틴어로 사이페saepe라는 단어를 사용하여 자신의 논점을 설명하는데, 이 단어는 (1) '주로, 종종' 혹은 (2) '울타리'라는 뜻을 동시에 지닌 동음이의어이다. 울타리는 라틴어로 사이페스saepes이지만 이 단어의 탈격은 사이페saepe로, 같은 형태가 된다.

주면서 타격감을 줄이기도 하고 말일세. 문제를 더 이상 논할 수 없어졌을 때 농담과 웃음이 그 문제들을 날려버리지.

[237] 그렇지만 연설가가 웃음을 어느 정도까지 이용해야 하는지는 극도로 면밀하게 검토해봐야 할 문제라네. 바로 이것이 내가 앞에서 제기한 네 번째 질문이지.

명백한 악이나 범죄 혹은 극심한 고통을 놀림감으로 삼으면 사람들은 웃지 않는다네. 사람들은 사기꾼들에게 **통렬하게** 앙갚음하기를 원하지, 고작 조롱하고 놀리는 수준에 만족하지 않으며, 불행한 사람들을 짓누르는 것도 좋아하지 않네. 물론 그들이 덕이 있는 양 과시하는 이들이 아닐 경우에 그렇지만 말일세. 자네들은 높이 존경받는 이들에게 특히 공손해야 하며, 사람들이 사랑하는 사람을 폄하하면 안 된다네. [238] 농담할 때는 그런 제약을 주의해야 하네. 가장 농담 하기 쉬운 대상은 깊은 증오나 심한 연민을 받지 않는 사람이라고들 한다네. 그러므로 농담을 해도 **되는** 소재는 대단히 존경받지도 않고 비참하게 고통당하지도 않으며 그렇다고 사형에 처해야 할 정도는 아닌 사람들이 겪는 삶의 문제에 있다고 할 수 있지. **그런** 문제를 영리하게 놀리면 사람들은 웃는다네.

[239] 외모가 못나거나 신체적으로 결함이 있다면 이 역시 농담하기에 꽤 좋은 소재가 되지만 마찬가지로 어느 정도까지 다루어도 되는가 하는 질문을 해보아야 하네. 여기서 규칙은 단순히 '웃기지 않은 농담은 하면 안 된다'가 아니네. 연설가는 모든 사람을 포복절도하게 만들 수 있더라도 만담이나 거리공연 같은 종류의 농담은 피해야 한다네.**32** 이러한 것들이 무엇인지는 농담의 유형을 다룰 때 [248에서] 더 잘 이해

---

32 218~222절에서 나누었던 '개인 특유의 익살'이나 스탠드업과 '한마디 공격'이나 거리공연 코미디 사이의 차이를 여기서 언급하는 것.

할 수 있을 걸세.

유머에는 두 가지 유형이 있다는 점이 중요하다네. 하나는 어떤 대상에, 다른 하나는 언어에 기반을 두고 있지.**33**

[240] '대상에 관한 농담'은 짧은 이야기처럼 풀어내는 방식이네. 크라수스 자네가 멤미우스Memmius에게 했듯 말일세. 멤미우스와 라루구스라는 두 남자가 어느 해변 마을에서 여자 하나를 두고 주먹싸움에 휘말렸을 때, 자네는 이렇게 말했지.

"멤미우스가 라르구스의 팔을 물어뜯어 먹어버렸다!"

웃기기는 하지만 사실 이 모든 이야기는 자네가

---

33 이 구분은 카이사르가 218절에서 언급했던 분류가 아니라 새로운(그리고 중요한) 것이다.

지어낸 것이지! 한술 더 떠서 자네는 그 마을의 모든 벽에 L L L M M이라는 글자가 적혀 있었고 주변에 물어보자 한 동네 토박이 노인이 무슨 뜻인지 알려주었다고 하지 않았던가.

> 멤미우스가 라르구스의 팔랑거리는 팔다리를 파먹었네_{Lacerat lacertum Largi mordax Memmius}.

[241] 이 사례는 이런 농담이 얼마나 영리한지, 얼마나 멋들어지고 대중연설에 얼마나 적절한지를 보여주는 완벽한 예시이네. 실제로 있었던 일이든(어느 정도 과장하기도 하고 허구를 섞어야겠지만), 전부 지어낸 이야기든 상관없다네. 이 유형의 농담이 지닌 매력은 화자가 자신의 성격, 그러니까 자신의 말과 표정을 모두 이용해 사실을 전달함으로써 청중이 마치 모든 일이 실제로 일어나는 것처럼 느낀다는 점일세.

[242] 마찬가지로 '어떤 대상'에 관한 농담은 모방

풍자에 기초하지. 다시 크라수스를 예로 들어보겠네.

(감상적인 연극처럼) "당신의 **고결한 이름**을 걸고! 당신 **가문**의 **이름**을 걸고!"

청중에게 그의 표정과 목소리 흉내보다 더 웃긴 것이 있었겠는가? 그가 이어서,

"당신 **동상**의 **이름**을 걸고!"

라고 외치며 팔을 치켜들고 흔들자 우리는 자지러지게 웃을 수밖에 없었네.

무대 희극에서 유명한 노인 흉내도 이 범주에 속한다네(카이사르는 아버지가 자신에게 쯧쯧 거리며 혀를 차는 모습을 상상하는 젊은이를 흉내 낸다).

"이 나무들을 심는 건 다 **너**를 위해서란다, 아

들아." 아버지가 말씀하신다!

(작은 소리로 중얼거리며) 듣자 하니 지독하게 늙으셨군!

그러나 이런 농담은 매우 고유한 재미가 있기 **때문에** 정말 주의해야 하네. 외설을 섞어서 지나치게 과장하는 일은 연설가가 아니라 흉내쟁이 배우나 풍자꾼의 영역에 속하기 때문이지. 연설가는 흉내를 **미묘하게** 집어넣어서 청중이 눈으로 직접 보는 것처럼 스스로 상상하게 만들어야 하네. 마찬가지로 욕이나 외설적인 주제를 삼가서, 교육을 잘 받았으며 품위 있음을 연설에서 드러내야 한다네.

[243] 위의 두 가지 유형은 어떤 대상에 기반을 둔 유머라네. 이 둘은 개인 특유의 익살 영역에 속하는데, 이 영역에서는 사람들의 행동을 묘사하고 표현하는 방식을 사용한다네. 이를테면 짧은 이야기를 통해 사람의 됨됨이를 폭로하거나 흉내 내기를 통해 비웃

음당할 만한 문제에 가담한 사실을 들춰내는 것이지.

[244] 반면 **언어**에 기반을 둔 농담은 기민한 발언이나 생각의 '요점'으로 이루어지는 걸세. 앞선 유형, 즉 이야기와 흉내 내기를 사용할 때 흉내쟁이 배우나 풍자꾼처럼 보이지 않도록 주의해야 하는 것처럼, 두 번째 유형에서도 저속한 만담에 속하는 농담은 반드시 피해야 하네.

그렇다면 우리는 자네의 친구 그라니우스^{Granius}와 내 친구 바르굴라^{Vargulla}를 크라수스나 내 형 카툴루스 그리고 그 외 다른 사람들과 어떻게 구분해야 할까? 나 또한 지금까지 그 차이를 진지하게 생각해본 적이 없다네. 그들은 모두 재치 있는 사람들이지. 그러나 누구도 그라니우스를 뛰어넘지는 못한다네. 여기서 먼저 우리는 농담을 **할 수 있을 때**마다 매번 농담할 **필요는 없다**는 점을 짚고 넘어가야 한다네.

[245] 가령 어느 재판에서, 난쟁이 같은 한 증인이 어기적어기적 증언석에 오르자, 필리푸스가 물었지.

"뭐 좀 여쭤봐도 되겠습니까?" 판사는 "짧게 하시오."라고 톡 쏘듯 말했다네. 그러자 필리푸스는 이렇게 답했다네.

"걱정 마십시오, 아주 쪼그만 겁니다."

평! 배심원석에 앉아 있었던 배심원 중 한 명은 그 증인보다 키가 **더 작았다네!** 모두가 웃음을 터뜨렸고, 그 농담은 완전히 저급한 조롱이 되었지. 그러나 공격 목표물을 잘못 설정하여 역효과를 낳을 수 있는 이런 농담은 재미**있기**는 하지만 본질적으로 저급한 만담과 비슷하다는 점이 중요하네.

[246] 자네의 지인 아피우스Appius도 마찬가지일세. 그는 재치 **있는** 사람이 되고 싶어 하지만, 그리고 분명 재치 있는 사람이기는 하지만, 가끔씩 문제 많은 만담으로 빠지는 문제가 있다네. 그는 한쪽 눈을 잃은 내 친구 가이우스 섹스티우스Gaius Sextius에게 이렇

게 말했다네.

> "당신 집에 저녁을 들러 가겠소. 단 하나를 위
> 한 자리를 마련해 놓았다고 들었는데."

이 발언은 저속한 만담 같지. 정당화될 수 없는 말
이기도 하고 비단 섹스티우스뿐만 아니라 외눈인 사
람 모두에게 해당될 수 있기 때문이네. 그런 농담은
미리 연습한 것처럼 들려서 큰 웃음을 자아내지 못한
다네. 그러나 섹스티우스의 대응은 즉흥적이었는데
도 감탄스러웠다네.

> "가서 더러운 손이나 닦고 와서 드시오."[34]

―――――――

34 여기서 섹스티우스는 문자 그대로 혹은 은유적으로 '씻어라' 혹은 '정리하
   라'고 말한 것이지만, 후자는 상대의 저속한 농담 또는 그가 취한 부당이익금
   을 정리하라는 뜻을 암시한다.

[247] 그러므로 만담꾼과 연설가의 차이점은 주변 상황을 얼마나 고려하는지, 농담의 수준을 얼마나 절제하고 조절하는지, 농담의 빈도를 얼마나 제어하는지에서 알 수 있다네. 또한 **연설가**가 농담을 하는 이유는 재미있어 보이기 위해서가 아니라 목적을 달성하기 위해서인 반면, 만담꾼은 특별한 이유도 없이 주야장천 농담을 던지지.

어떤 사람이 공직에 출마하면서 자신의 형제와 함께 바르굴라를 찾아가 포용하자, 바르굴라는 자신의 몸종에게 이렇게 말했다네.

"이 파리들 좀 쫓아내!"

바르굴라가 그렇게 말하여 얻은 것이 무엇일 것 같나? 그는 웃어넘겼지만 내가 보기에 그 발언은 **가장** 질 나쁜 발상의 산물이네. 이를 바탕으로 우리가 배울 점은, 농담을 던질 시기는 오랜 숙고와 존엄을 바탕으로 결정해야 한다는 것이라네. 그리고 **저런 이들**을 위한 '농담하는 법' 설명서가 좀 있었으면 좋 겠군! 사실 이 능력은 앞에서 본 것처럼 유전자의 관 할이긴 하지만 말이네.

사람들은 어떤 농담을 좋아하는가

[248] 이제부터 웃음을 자아내는 농담의 유형을 살펴보겠네. 먼저 첫 번째 유형부터 시작함세. **사실 모든 농담은 어떤 대상이나 언어에서 재미있는 요소를 가져오지만, 사람들은 그 둘이 섞여서 웃음이 나오는 때의 농담을 좋아한다네.**

내가 웃음에 관해 관찰하고 공유하는 내용은 대부분 진지한 이야기를 할 때도 적용될 수 있다는 사실을 기억하게. 차이가 있다면 진지한 이야기는 명예롭고 중요한 문제에 사용되지만 농담은 약간 남부끄럽고 때로는 추잡하기까지 한 문제에 사용한다는 것이지.[35] 예를 들어 우리는 일 잘하는 종을 칭찬할 때와

---

35 이 문단은 분명 일상생활의 경험에 기반을 둔 관찰 코미디("그거 아셨나요…?" "뭐가 문제일까요…?")를 논하는 역사적으로 최초의 발언이겠다.

그 종이 잘못된 행동을 하여 비꼴 때 같은 말을 사용할 수 있네. 네로가 도벽이 있던 노예에게 했던 농담이 흥미롭지.

> "그에게만은 우리 집의 어느 문도 막혀 있거나 잠겨 있지 않지."

이 말은 원래 신뢰할 수 있는 노예를 설명하는 말이지. 이 예시에서는 정확히 똑같은 문장을 사용하지만, 의미는 정반대라네. 일반적으로 같은 것을 관찰해도 웃긴 부분과 진지한 부분을 모두 발견할 수 있는 것이지.

[249] 예를 들어, 스푸리우스Spurius가 조국을 위해 싸우다가 심각한 부상을 입어 다리를 절게 되었다네. 그는 장애 때문에 사람 많은 곳에 나가기를 쑥스러워했는데, 그의 어머니가 이렇게 말했다네.

"아들아, 밖으로 나가지 그러니? 네가 딛는 모든 걸음마다 네 용맹함이 새겨질 거란다!"

이 말은 아름답고 진지하지. 반면 칼비누스^{Calvinus}가 다리를 절게 되었을 때 글라우키아^{Glaucia}는 이렇게 말했다네.

"무언가 확인할 때 쓰는 옛말이 뭐였더라? **'어디 삐걱거리는 부분은 없습니까?'** 아, 여기 삐걱대는 것이 있구먼…."[36]

재미있지 않나? 똑같이 발을 저는 모습을 두고 두 가지 결과를 도출한다는 게 말이야!

---

36 이 문장의 번역은 다소 까다롭다. 나는 주로 닐 아드킨Neil Adkin(2010) 해석을 따른다. '옛말'이라 함은 "다 괜찮나요? 문제없습니까?"라는 뜻이겠지만 문자적으로는 "절름거리는 것 없나, 어?"를 의미한다. 글라우키아는 그 옛말에 상스러운 어감을 더했다.

"여기 나이비우스보다 더 나이 어린 사람이
있는가?"

스키피오는 위 질문을 진지하게 던졌다네. 반면에
필리푸스는 어떤 악취 나는 사람에게 이렇게 말하여
웃음을 자아냈다네.

"당신… (킁킁대며) … 이 방구석에서 방귀를
뀌었나!"

두 단어 사이 발음의 유사성 혹은 철자 하나 차이
가 진심과 재미의 토대가 된 것이지.

[250] 사람들은 동음이의어로 된 농담이 가장 기발
하다고 생각하지만, 동음이의어가 항상 농담의 소재
인 것은 아니라네. 때로는 진지한 발언의 토대가 되
기도 하니까. 어떤 잔치에 참여한 스키피오 아프리카
누스^{Scipio Africanus}가 머리에서 화관이 계속 떨어져 곤

란해 하자 바루스가 이렇게 말했다네.

> "화관이 딱 맞지 않아도 놀라지 마십시오. 당
> 신의 머리가 대단하기 때문입니다."

인상적이면서도 기품 있는 말이었지. 다음의 농담
도 같은 범주에 속한다네.

> "그 사람 이름이 칼부스Calvus라고? 그 말대로
> 군. **정말** 머리처럼 말이 거의 없었으니…"[37]

요약하자면, 진지하고 진심이 담긴 말이라도 농담
이 될 수 있다네.

[251] 여기서 주목할 점이 하나 더 있지. 사람들이
웃는다고 해서 전부 재치 있는 말은 아니라네. 사실

---

37 Calvus는 라틴어로 '대머리'를 의미한다. – 옮긴이 주

광대보다 웃긴 사람은 없다네. 얼굴이며 표정, 그가 내는 흉내, 목소리, 그의 **온몸**이 사람들을 웃게 하니까! 나는 광대가 '웃기다'고 말할 **수는 있지만** 연설가가 그러지는 않으면 좋겠네. 그런 사람은 거리공연가처럼 웃긴 것이니까.**38** 그러므로,

- 첫 번째로, 웃음을 극대화하는 심한 냉소, 팔랑귀, 피해망상, 착한 척, 바보스러움은 우리에게 맞지 않아. 그런 사람들은 고정관념에 갇혀 있어서 비웃음을 얻기 마련이라네. 우리는 도리어 그들을 몰아세우기도 하고 그들처럼 행동하지 않지.
- [252] 두 번째 종류는 흉내라네. 꽤 재미있기는 하지. 그렇지만 우리는 이 종류의 농담을

---

38 1990년 영화 〈좋은 친구들〉의 불후의 장면 "어떻게 웃긴데?"는 이 구분에 근거한다. 들어가는 말 참조.

은밀하게, 하더라도 지나가듯이 해야 하네. 그
렇지 않으면 신사의 도가 아니지.

- 세 번째는 얼굴 일그러뜨리기라네. 이는 우리
  의 품위를 떨어트리는 일이지.
- 네 번째로 음담패설은 공적 생활에 적합하지
  않을 뿐 아니라 사적 모임에서도 해서는 안
  되네.

그러므로 이 모든 수단에서 대중 연설에 맞는 것
을 제하면 남는 유머는 '어떤 대상'(앞서 분류했듯) 아
니면 언어에 속하네. 알다시피 어떤 말을 사용해도
내용이 재미있으면 이는 '대상'에 관한 유머이고, 언
어를 바꾸어 그 재미가 사라지면 언어 자체가 재미있
는 유머인 것이지.

말장난으로 농담하기

[253] 동음이의어로 된 농담은 대단히 기발하지만 — 이는 '대상'이 아닌 '언어' 범주에 속하네 — 찬사 받는 것만큼("오, **좋네**. 똑똑해!") 큰 웃음을 부르지 못할 때도 있다네. 일례로 티티우스라는 군인이 밤에 축구하기를 좋아해서, 그 때문에 중요한 조각상들을 깨먹었다는 의심을 받고 있었다네. 동료들이 소대 아침 운동에 왜 나오지 않았느냐고 묻자 테렌티우스 베스파Terentius Vespa가 이렇게 농담했다네.

"아, 괜찮아. 팔 하나 부러졌대."

다음은 루킬리우스가 인용한 스키피오 아프리카누스의 농담이라네.

"데키우스는 어떤가? 그 알맹이를 부수고 싶은가?"라고 말했다.[39]

또한 크라수스, 자네 친구 그라니우스가 했던 농담도 있지.

"값을 매길 수가 없군!"[40]

[254] 우리가 '말재주꾼'이라고 부르는 부류의 사

---

39 "Quid Decius? Nuculam an confixum vis facere?" 이 말이 실제로 무슨 의미로 사용되었는지, 현재는 알 수 없다. 어쩌면 사람 이름이기도 하면서 '작은 견과'를 의미하는 누쿨라nucula를 두고 말장난을 한 것일 수도 있다. 그런데 그게 아니라 여기 나오는 데키우스가 277절에 나오는, 동성애자 같은 인상을 지녔다고 유명한 그 데키우스라면 농담의 요소는 '뚫다, 관통하다'를 의미하는 콘픽숨confixum에 있을 것이다.

40 "non esse sextantis." 라틴어 섹스탄티스sextantis는 '보잘 것 없는 가치'를 의미한다. 이 문장에서 이 말은 '값을 매길 수 없을 정도로 귀한'이라는 뜻과 '팔리지 않는'이라는 의미의 대결이다. 미국의 고전학자 모지스 하다스Moses Hadas(1900~1966)의 농담과 비교해보라. "책 보내주셔서 감사합니다. 그 책을 읽는 데 시간을 지체하지 않겠습니다."

람이 이런 유형의 유머에 가장 뛰어나긴 하지만, 더 큰 웃음을 끌어내는 건 다른 유형이라네. 내가 전에도 말했듯 동음이의어로 된 농담이 매우 호평을 받는 것도 사실이지. 단어의 의미를 다른 모든 사람이 생각하는 뜻 말고 다른 뜻으로 변환해 사용하는 능력은 창의력을 증명하는 듯 보인다네. 그럼에도 다른 유형의 유머를 곁들이지 않으면 웃음을 이끌어내기보다는 고작해야 칭찬을 받는 정도에 그칠 수밖에 없지. 이제 다양한 유형을 살펴보겠네.

[255] 물론 모두들 알고 있겠지만 가장 익숙한 유형의 농담은 예상되는 말 대신 다른 말을 하는 걸세. 이러한 경우 착각에서 웃음이 발생하고, 여기에 동음이의어 농담이 섞이면 더 재미있지. 노비우스^{Novius} 의 단편 희극에 나오는 한 등장인물이 그 본보기라네. 곧잘 겉으로만 동정하는 척하곤 하는 그 인물이 형을 선고받고 끌려오는 채무자를 보고 물었다네.

A. 얼마를 선고받았나?

B. 1,000세스테르티우스입니다.

만일 여기에 덧붙인 내용이

A. 그냥 끌고 가시오!

였다면 이는 기습적인 농담의 예시가 되었을 걸세. 하지만 그는 이렇게 덧붙였지.

A. 1데나리우스로는 안 되네! 그냥 끌고 가시오!

'1데나리우스로는 안 되네'라는 동음이의적 문장을 덧붙인 까닭에 내가 보기에는 제대로 웃기는 농담이 되었지.[41]

논쟁에서는 상대의 입에서 나온 단어를 포착해

그가 말하는 도중에 되받아칠 때 특히 재미있다네. [220에서] 카툴루스가 필리푸스에게 했던 방식처럼 말일세. [256] 그러나 동음이의어 유형의 농담이 참으로 많고 이 유형을 서투르게 이론화한 것이 허다해서 우리는 좋은 단어들을 잘 가려내야 한다네. 부실한 농담들을 무시한다 해도 (농담을 억지로 짜맞춘 듯한 인상을 풍기면 안 되기에) 여전히 우리가 시도해 볼 수 있는 기발한 농담이 수두룩하지.

두 번째 유형은 단어를 살짝 바꾸는 걸세. 그리스인들은 철자 하나만 바꾸는 것을 '파로노마시아 paronomasia'라고 부르지. 카토의 농담으로 예를 들어보겠네.

"이름이 비클이라고? 픕! 피클이로군."

---

41 "1데나리우스로는 안 되네 Nihil addo!"라고 번역된 문장은 동음이의적 표현으로, "더 할 말도 없다"를 의미하기도 한다.

한 가지 더 예를 들자면, 카토가 한 사내에게 이렇게 말했다네. "잠시 나와 단둘이 산책하러 갈래? 그래, 나가자!" 그러자 그 남자가 물었지. "왜 '나'가야 하지요?" 카토는 이렇게 대답했다네.

"허, 그게 아니지. 왜 '너'여야 할까?"

그리고 그가 건 유명한 내기도 있다.

"나는 당신이 위, 아래 **둘 다** 좋아하는 동성애자라는 데 걸겠어."[42]

---

42 "Si tu et adversus et aversus impudicus es." 라틴어 임푸디쿠스impudicus는 '동성애'를 의미하는 속어이다. '전면의'라는 의미를 지닌 라틴어 아드베르수스adversus와 '등 뒤의'라는 의미의 라틴어 아베르수스aversus는 말장난으로, '위'와 '아래'를 의미한다.

[257] 이름이 지닌 의미를 해석하는 것도 영리한 조롱이라네. 어떤 사람이 왜 그 이름을 갖게 되었는지 그 유래에서 농담을 끌어내는 걸세. 한 예시로 내가 최근에 정치적 해결사 누미우스에 대해 했던 말을 들 수 있다네.

"누미우스와 네오프톨레마이우스는 둘 다 전쟁터에서 이름을 얻었다. 네오프톨레마이우스는 트로이에서, 누미우스는 마르스 평원에서 그 이름을 얻었다!"[43]

이러한 농담은 모두 언어에 기반을 둔다네.

---

43 로마의 마르스 평원은 군대 체력 훈련장이며 선거가 치러지는 곳으로, 누미우스는 이곳에서 표를 얻기 위해 뇌물을 뿌렸다. 누미우스Nummius라는 이름은 '동전'이라는 뜻을 지닌 라틴어 눔무스Nummus와 형태 및 발음이 유사하다. 아킬레우스의 전설적인 아들 네오프톨레마이우스Neoptolemus는 첫 출전이 트로이전쟁 때였는데, 이 이름에는 '새로운 전사'라는 뜻이 있다.

시구 한 구절을 그대로, 혹은 일부분을 바꾸어서 자연스럽게 덧붙이는 것도 재치 있다네. 스카우루스 Scaurus 가 당혹스러움을 표현하기 위해 인용했던 카이킬루스 스타티우스 Caecilus Statius 의 시를 예로 들어보겠네. 어떤 사람은 그 순간이 크라수스 자네가 시민권 사기 단속법[44]을 만든 원인이었다고 말하기도 하지.

♫쉿, 그만! 이 모든 소란이 다 뭔가? 부모도 없는 당신네들의 **뻔뻔함**은! 그 오만함을 갖다 버리라!♫

또한, 안토니우스 자네가 인용했던 구절은 자네가 담당했던 뇌물 수수 사건 재판에서 코엘리우스 Coelius 가 뇌물을 쓰라고 허락했다는 사실을 진술할 때 그를

---

44 렉스 리키니아 무키아Lex Licinia Mucia. 기원전 95년, 집정관이었던 크라수스는 부모가 불법체류자였던 사람들의 시민권 청구를 조사하기 위해 이 법을 제정했다.

무너뜨리는 데에도 매우 도움이 되었다네. 그에게는 외모 관리에 무척 신경을 쓰는 아들이 있었는데, 그가 증인석을 떠날 때 자네는 이렇게 비꼬았지.

♬보이십니까? 그 노인은 은화 30미나나 사기 당했다고요! ♬[45]

[258] 속담도 이 분류에 속한다네. 유명한 예시로 아셀루스가 군 복무 중에 모든 지방을 방문했다고 자랑할 때 스키피오가 했던 농담이 있지.

"당나귀는 **몰아야** 한다. 당나귀는 길을 배우지 못할 테니."[46]

---

45 이 인용구가 나온 로마 희극에서 외모에 무척 신경을 쓰는 아들은 방탕한 생활을 하고자 언제나 아버지의 돈을 훔친다. 여기서 의미하는 바는 자기가 뇌물로 전달하려고 했던 돈을 아들이 써버렸다는 것이다.

46 아셀루스Asellus라는 이름은 라틴어로 '당나귀'를 뜻한다.

단어를 바꾸면 농담의 효력을 잃기 때문에, 속담도 '대상'이 아니라 '언어' 유머로 분류되어야 하네.

[259] 언어에 기반을 둔 유머 종류가 하나 더 있는데 ─ 꽤 괜찮은 유머지 ─ 어떤 것을 의미가 아니라 문자 그대로 받아들일 때 사용된다네. 오래된 거리공연 촌극「선생」은 전적으로 이 발상에 기반을 두었고 굉장히 웃기다네. 그러나 이 촌극은 잊어버리게. 그저 이 유형의 유머를 설명할 유명한 예시가 필요했을 뿐이니까.

크라수스, 자네가 했던 농담이 바로 이 유형에 속한다네. 최근 한 사내가 아침 댓바람에 찾아온다면 방해가 되겠느냐고 자네에게 물었지.

> A. "아냐. 방해 안 돼."
> B. "그럼 자명종을 맞춰두시려고요?"
> A. 자네는 길을 떠나며 이렇게 말했지. "말했잖은가. 절대 방해 안 받는다고."**[47]**

[260] 스키피오 말루기넨시스^{Scipio Maluginensis}가 자신의 연합은 집정관 후보 루키우스 만리우스 아키디누스^{Lucius Manlius Acidinus}에게 투표한다고 발표하며 했던 농담도 이 종류에 속한다네. 선거위원이 다른 후보자에 관한 형식적인 질문으로 "루키우스 만리우스에 대해 무어라 말하겠는가?"라고 묻자 스키피오는 이렇게 답했다네.

"제 생각에, 그는 신사이며 애국자입니다."

또 다른 좋은 예시로 어떤 사람이 인구조사 명단을 갱신하며 카토와 나눈 대화가 있다네. 카토가 그에게 정형화된 질문으로 "당신은 아내가 있음을 보증하는가?"라고 묻자, 그는 이렇게 농담했다네.

---

47 다음에 나오는 예시와 마찬가지로 이 예시의 유머도 교묘하다. "알람을 맞추지 않는다"는 말은 "너를 위해 일찍 일어나지는 않을 것"이라는 의미이다.

"제가 원하는 바는 아니었지만요!"[48]

이러한 농담들은 강렬하지는 않지만 뜻밖의 상황에서 나오면 무척 재미있지. 왜냐하면 [255에서] 언급했듯 착각을 자각하면 저절로 웃음이 나므로 예상을 뛰어넘는 장난을 들으면 우리는 웃음이 터질 수밖에 없다네.

[261] '언어' 유머의 다른 유형으로는 상황에 맞게 표현 응용하기, 단어 비틀기, 말 비꼬기가 있다네.

상황에 맞게 표현 응용하기에 해당하는 예시는 루스카[Rusca]가 공직에 재직할 수 있는 최소 나이에 관한 법안을 발의했을 때라네. 세르빌리우스[Servilius]는 그 법안에 반대했는데, 루스카에게 이렇게 물었다네. "루스카, 말해보시오. 내가 당신의 의견에 반대하면

---

48 카토의 질문은 "ex tui animi sententia?"로 시작하는데, 이는 (1) "엄숙히 맹세하는가?"와 (2) "원하는 바였는가"를 모두 의미한다. 카토는 (1)의 의미를 이용하여 질문했으나, 답을 한 사람은 (2)의 의미로 대꾸한 것이다.

다른 사람에게 그랬던 것처럼 나를 매도할 것인가?"
그러자 루스카가 이렇게 대답했다네.

"뿌린 대로 거두리라."[49]

[262] 단어 비틀기의 예시는 코린트 사람들이 유명한 대 스키피오의 동상을 다른 장군들의 동상이 있는 자리에 세우겠다고 약속했을 때가 대표적이지. 스키피오는 이렇게 농담했다네.

"나는 그런 '단체'적인 사람이 아니라오."[50]

말 비꼬기의 예시는 크라수스가 재판장 마르쿠스 페르페나Marcus Perpena 앞에서 아쿨레오Aculeo를 변호할

---

49 고대 지중해 주변에서 흔한 속담으로 성경은 물론 그리스와 로마 문학에도 나타난다.

50 즉 (1) 군대와 (2) 군중 모두를 의미한다.

때를 들 수 있네. 상대편의 증인은 루키우스 아일리우스 라미아Lucius Aelius Lamia, 자네도 아는 그 못난이였지. 그가 자꾸 끼어들고 귀찮게 하자 크라수스가 이렇게 농담했다네.

"그래, 이 귀엽고 깜찍한 사람의 말을 들어봅시다."

모든 사람이 킥킥 웃자 라미아가 이렇게 답했네. "내게 외모를 결정할 능력은 없어도 정신은 가꿀 수 있었소." 그러자 크라수스가 비웃었지.

"그래요, 이 천재의 말을 들어봅시다."

사람들은 전보다 더 크게 웃음을 터뜨렸네.
다음으로 소개할 방식도 진지한 이야기와 농담 모두와 잘 어울린다네. 조금 전에도 말했듯 농담과 진지한 말의 소재는 다르지만 범주화 및 관찰 체계는 같기 때문이지. [263] 그러므로 공개연설을 잘하려면 단어를 서로 맞대응시키는 방법이 가장 확실한 비결이라네. 이 방법도 역시 재치 있게 들릴 때가 많네. 일례로 리보가 배심원 선정을 맡았을 때, 갈바가 계속 자기 친구를 추천하자 리보가 물었다네. "제발, 갈바, 너는 네 집 만찬장에서 언제 빠져나오려고 그러니?" 그러자 그가 이렇게 대답했지.

"네가 다른 사람의 침실에서 나올 때."

글라우키아가 메텔루스^{Metellus}에게 했던 농담도 이와 크게 다르지 않네. 로마에서 가장 세련된 도시에 있는 그의 화려한 주택에 몰려든 수많은 구경꾼을 두고 글라우키아는 이렇게 말했다네.

"네 농장은 티볼리에 있는데 돼지들은 여기

팔라틴에 다 있구나!"

[264] 이것으로 언어에 기반을 둔 농담을 모두 다
룬 듯하네. 대상에 기초한 농담에는 종류가 더 많은
데 앞서 말했듯 더 많은 웃음을 유발하지.

대상을 이용하여 농담하기

대상에 기초한 농담 중에는 일화를 이용하는 방법이 있는데, 이는 매우 어려운 일이라네. 왜냐하면 이야기를 통해 사람들이 그럴듯하면서도(이야기의 필요조건) 정치적 올바름에서는 약간 벗어날 수도 있는(유머의 필요조건) 것을 상상하게끔 해야 하기 때문이지. 당장 예를 들자면, 내가 전에 [240에서] 말했던 멤미우스에 대한 크라수스의 농담이 있네. 아, 이솝우화와 그 비슷한 것들도 이 분류에 넣도록 하겠네.

[265] 역사에서도 좋은 재료를 얻을 수 있다네. 섹스투스 티티우스^{Sextus Titius}가 자신을 계속해서 카산드라^{Cassandra}라고 칭했을 때 안토니우스가 이렇게 비꼬았던 것처럼 말일세.

"당신의 상대인 오일레우스 아이아스들의 이

름을 나는 수도 없이 댈 수 있다네."[51]

유사성도 마찬가지라네. 유사성은 비교나 비교의 '가능성'도 포함하네. 예를 들어, 토착민들이 돈을 갈 취당한 사건에 대해 한 남자가 피소Piso에게 불리한 증언을 하고 있었을 때였네. 그는 피소의 식민 장교 인 마기우스가 어마어마한 액수의 돈을 받았다고 주 장했지. 스카우루스가 마기우스의 가난을 지적하며 그 주장을 반박하자 그 남자는 이렇게 받아쳤다네. "아니에요, 스카우루스. 저는 마기우스가 돈을 모았 다고 하지 않았습니다."

"나는 그가 옷도 안 입고 땅콩을 모으는 사람

---

51 전설 속 트로이전쟁에서 아이아스는 진실을 말해도 아무도 믿어주지 않는 저 주에 걸린 예언자 카산드라를 겁탈한다. '오일레우스'는 아이아스 부친의 이 름으로, 말 그대로 '오일레우스 왕의 아들'을 의미하지만 로마사람들에게는 '기름'이라는 뜻의 라틴어 올레움oleum과 비슷하게 들렸을 것이다. 그 관계 가 의미하는 징그러운 함의도 모두 알아챘을 것이다.

같다고 말하는 겁니다. 다람쥐처럼 배에 저장했다고요."

또 다른 예로, 여기 있는 우리 동료의 아버지[52]이기도 한 마르쿠스 키케로 어르신의 말씀을 들 수 있겠네.

"우리 로마인들은 팔려 나온 중동 노예 같다. 그리스에 대해 알면 알수록 좋을 것이 없다."

[266] 생생한 묘사도 큰 웃음을 터뜨린다네. 신체적인 결함이나 문제를 포착하여 그보다 더 심각한 것과 비교하는 것이지. 일례로 내가 헬비우스 만키아에게 했던 신랄한 말을 들 수 있네. "당신 닮은꼴을 보여주겠소." 내가 이렇게 말하자, 그가 답했네. "그러

---

52 각각 키케로의 아버지와 할아버지를 의미한다.

시든지." 마리우스가 킴브리 전쟁에서 획득한 방패 중 하나가 마침 포럼의 새 상점에 걸려 있었는데, 나는 거기 그려져 있는 갈리아 사람을 가리켰네. 방패에 그려진 사람은 뺨이 툭 튀어나온 얼굴을 찡그리고 혀를 쭉 내밀고 있었지. 그 모습이 만키아와 꼭 닮았기 때문에 웃음이 터졌다네.

또 다른 예를 들자면, 피나리우스가 증인석에서 마치 무슨 말을 하는 듯 턱을 계속 움직이기에 내가 말했네.

> "괜찮다면 그 호두를 다 까는 대로 말을 좀 해 주시오."

[267] 어떤 것의 중요성을 축소하거나 확대하기 위해 사실을 지나치게 과장함으로써 사람을 놀라게 하는 문장들도 있다네. 예를 들어, 한 대중 연설에서 크라수스 자네는 이렇게 농담했지.

"멤미우스는 자신이 매우 큰 사람인지라 포럼으로 가는 길에 파비아누스 개선문 아래를 지날 때면 고개를 수그려야 한다고 생각한다."

이 유형에서 또 다른 예시로는 스키피오가 누만티아에서 했던 농담이 있네. 그는 어느 미련한 사람에게 너무 화가 나서 이렇게 말했다고 하지.

"그 사람 모친에게 애가 하나 더 있었다면 당나귀였을 듯하오!"

[268] 넌지시 암시하는 방식도 재치 있는데, 사소한 표현, 때로는 단어 하나가 보이지 않거나 언급되지 않은 사실을 들추어내기도 한다네. 예를 들어, 코르넬리우스^{Cornelius}는 탐욕과 부패로 유명한 사람이었지만 군대에서는 유난히 용감하고 유능한 장군이기도 했다네. 자신을 집정관으로 밀어주어 고맙다고

그가 파브리키우스^{Fabricius}에게 감사 인사를 전하러 갔을 때였네. 그들은 지난한 전쟁 중 서로 대적하고 있던 상태였지. "내게 고마워할 필요 없소." 파브리키우스는 이렇게 농담했네.

> "[전쟁에서 진 군인들이 그러하듯 노예로] 팔려 가는 것보다 강탈당하는 것이 나으니."

또 다른 예를 들어보겠네. 스키피오 아프리카누스가 감찰관으로 재직 중일 당시 아셀루스가 5년간 극심한 흉년이 든 탓을 스키피오에게 돌리자 스키피오는 이렇게 대답했네.

> "뭘 기대하는가? 인구조사를 마치고 신의 가호나 구했던 사람이 바로 **당신**이 좌천되지 않도록 구해줬던 그 사람인데."[53]

[269] 모르는 척하는 것도 세련된 방법인데, 생각과는 다른 말을 하는 걸세. 조금 전에 크라수스가 라미아에게 했던 것처럼 정반대를 말하는 그 종류와는 다르다네. 말하고 있는 내용과는 전혀 다르게 생각하면서 전부 진심인 척하는 걸세. 우리의 벗 스카이볼라를 예로 들어봄세. 친구 가이우스 그라쿠스^{Gaius Gracchus}의 목에 현상금이 걸렸다는 소식에, 셉투물레이우스^{Septumuleius}는 친구의 목을 잘라 그 무게에 상응하는 금을 받았지. 심지어 머리의 무게를 늘리기 위해 입에 납을 채워넣지 않았나. 그 후 셉투물레이우스가 스카이볼라에게 자신을 소아시아의 식민 장교로 세워달라고 요청하자 스카이볼라가 이렇게 말했다네.

---

53 스키피오와 함께 집정관이었던 뭄미우스는 아셀루스를 지지했다. 여기서 스키피오는 신들이 로마를 벌주기 위해 날씨를 계속 바꾸었다는 말을 은근히 내비친다.

"이 멍청한 사람아, 나를 믿어보게. 여기 로마에는 불량 시민들이 너무 많아서 그냥 가만히만 있어도 몇 년 지나면 당신은 믿을 수 없을 정도로 부자가 될 게야."

[270] 판니우스Fannius는 『연대기』에서 스키피오 아이밀리아누스Scipio Aemillianus가 이 유형을 사용했다고 언급하며 그리스어를 사용해 그가 '반어적'이라고 지칭했다네. 그런데 이 '반어법'과 모르는 척하기에 관해서라면 다른 전문가들의 의견과 마찬가지로 나도 매력과 태도 면에서 소크라테스가 그 누구보다 월등히 뛰어났다고 생각하네. 이는 웃기면서도 진지한, 아주 우아한 유형의 유머이지. 대중 연설은 물론 대화 중 주고받는 농담으로도 적합하다네.

[271] (솔직히 말하자면, 내가 지금까지 유머에 관해 언급한 모든 특징은 재판뿐만 아니라 어떤 대화에든 잘 어울리는 양념이라고 생각되네. 예를 들면, 카토가 등장하는 책『노

년에 관하여』에 나오는 이 말이 — 그는 다량의 유머를 가져다 썼고, 나는 그 책에서 몇몇 예시를 가져오기도 했다네 — 내게 정말로 현명하게 들리네. 가이우스 푸블리키우스^{Gaius Publicius}가 푸블리우스 뭄미우스^{Publius Mummius}더러 "언제든 잘 어울리는" 사람이라고 칭하곤 했다는 그 말 말일세. 제길, 하여간 매력과 좋은 태도가 필요하지 않은 경우는 없다니까. 그건 그렇고 남은 이야기를 더 해보겠네.)

[272] 결함 있는 것에 좋은 이름을 붙이는 것도 내가 이야기했던 모르는 척하기와 비슷하다네. 예를 들어, 스키피오 아프리카누스는 감찰관으로 일하던 당시, 피드나 전투에 참전하지 않았던 백부장을 부대에서 내쫓았다네. 그 백부장이 자신은 주둔지에 남아 그곳을 지켰는데 왜 처벌을 받아야 하느냐고 물었지. 그러자 스키피오가 이렇게 대답했네.

"나는 너무 부지런한 사람을 싫어해."

[273] 다른 사람이 말한 바를 원래 의도와 다르게 사용할 때도 재미를 느낄 수 있다네. 일례로 파비우스 막시무스Fabius Maximus가 리비우스 살리나토르Livius Salinator에게 말했던 내용이 있지. 타렌툼이 점령당했을 때 리비우스는 그곳의 성채만은 지켜냈고, 수많은 영광스러운 전투를 시작하는 기지로 사용했네. 몇 년이 지난 후 막시무스가 그 마을을 되찾았을 때 리비우스가 그에게 물었지. "당신이 타렌툼을 되찾은 것은 나의 노력 덕분이란 것을 잊지 않을 거지요?" 그러자 막시무스가 되물었네. "잊는다고? 내가 어떻게 잊겠소?"

"당신이 빼앗기지만 않았으면 내가 다시 찾을 수도 없었겠지."

[274] 때로는 엉뚱한 추론이지만 그래서 웃긴 경우도 있다네. 이런 방법은 거리공연가뿐만 아니라 우리

도 어느 정도는 기막히게 사용할 수 있지. 다음의 세 가지 예를 들어보겠네.

> "이런 바보 같으니라고! 이제 살림이 좀 피는가 싶었는데 갑자기 죽어버리다니!"

> A: 이 여자랑 무슨 관계인가?
> B: 제 아내인데요.
> A: 앗! 그래, 자네와 닮았구려.

> "그는 물 **가까이** 살던 동안 한 번도 물에 빠져 죽지 않았어…!"

이 유형의 농담은 약간 바보 같기도 하고 앞서 말한 것처럼 거리공연 같기도 하지. 하지만 때로는, 전혀 멍청하지 않은 사람이 겉으로 멍청한 척하며 웃기게 이야기하는 방식이 적합할 때도 있다네. 일례로,

안토니우스 자네가 감찰관이었을 때 마니카가 했던 말을 들 수 있지. 마르쿠스 두로니우스^{Marcus Duronius}가 자네를 부정선거 혐의로 고발했다는 말을 듣고 그는 이렇게 농담했다네.

"이제야 본인 일에 신경을 쓰시겠군요!"

[275] 사람들은 이런 농담에 자지러진다네. 솔직히 말해서 사람들은 똑똑한 사람이 논리적으로 모순되는데도 엉큼하게 웃기는 이야기를 하면 어김없이 웃음을 터뜨리지. 누구나 잘 아는 내용을 이해하지 못하는 것처럼 행동하는 것이 이 유형에 속한다네. 예를 들어 폰티디우스^{Pontidius}는 다음과 같은 질문에 이렇게 답했다네.

A. 당신 생각에, 어떤 사람이 **현행범**으로 체포되나요?

B. 느린 사람요.

또 다른 예를 들자면, 군사를 선발하는 과정에서 메텔루스는 시력이 나쁜 나를 면제해주지 않았다네. "그래서 아무것도 안 보이나?" 그가 묻자, 나는 이렇게 답했다네. "사실 보입니다."

[276] "에스퀼린 문에서 당신의 대저택이 보입니다."

나시카^{Nasica}의 고전도 또 하나의 예시가 될 수 있지. 그가 시인 엔니우스의 집에 방문하여 대문에서 엔니우스를 부르자, 하인이 엔니우스는 외출 중이라고 대답했다네. 하지만 나시카는 하인이 주인의 명령에 따라 그렇게 말했을 뿐, 엔니우스는 사실 집 안에 **있음**을 눈치챘지. 며칠 후, 엔니우스가 나시카의 집에 찾아가 대문 앞에서 나시카를 부르자, 그는 이렇게 소리쳤네. "나 집에 없어!" 그러자 엔니우스가 말했지. "허? 당신 목소리가 들리는데?" 나시카는 이렇게 대답했네.

> "이 나쁜 놈. 나는 당신을 찾아갔을 때 당신이 집에 없다는 하인의 말을 믿었다고. 그런데 당신은 당사자인 나를 믿지 않는다고?"

[277] 상대가 말한 농담을 똑같이 되받아치는 것도 괜찮은 농담이라네. 예를 들어보겠네. 퀸투스 오피미우스Quintus Opimius는 어릴 때 성인 남성의 연하 애인이었다는 둥 좋지 않은 소문이 돌던 전 집정관이었고, 데키우스Decius는 약간 동성애자 같아 보이긴 해도 실제로는 아닌 유쾌한 남자였지. 오피미우스가 데키우스에게 물었네. "어때요, 귀여운 데킬라? 털실하고 반짓고리를 들고 언제 올 건가요?" 그러자 데키우스가 이렇게 답했다네.

"저는 감히 갈 수 없어요, 주인님. 엄마가 나쁜
년들이랑 가까이 지내지 말라고 그랬거든요."

[278] 농담을 몰래 감추고 있다고 생각하게끔 하는
말도 재미있다네. 시칠리아의 유명한 농담도 이 유형
에 속하지. 한 친구가 무화과나무에 목매달아 죽은
아내 때문에 울부짖고 있었는데, 결혼해서 아내에게
시달리고 있던 시칠리아인이 이렇게 말했네.

"내가 그 나뭇가지를 얻어 심을 수 있을까?"

카툴루스가 서툰 연설가에게 했던 말도 이 유형에
속한다네. 그 연설가는 연설의 마지막 부분에서 자신
이 청중으로 하여금 동정심을 느끼게 했다고 생각한
것 같네. 그가 자리에 앉으며 카툴루스에게 물었네.
"내가 청중에게 동정심을 일으켰다고 생각합니까?"
그러자 카툴루스가 대답했다네.

"오 **맙소사**, 그렇소. 너무 냉정한 나머지 당신의 연설이 불쌍하다고 느끼지 못했던 사람은 **아무도** 없을 거요."

[279] 개인적으로, 분노와 약간의 짜증이 묻어나는 농담도 내게는 인상적으로 다가온다네. (그렇지만 '짜증 난 사람이 하는 농담'과는 다르다네. 그런 경우 우리는 농담이 아니라 그 사람을 비웃게 되기 때문일세.) 이 유형에서 들 수 있는 무척 재미있는 예시는 노비우스의 대화라네.

A. 왜 울고 있어요, 아빠?
B. 그럼 내가 노래 부르리? 지금 재판에서 졌다고!

이 유형과 거의 반대되는 농담은 느긋하고 안정적인 분위기의 농담이라고 할 수 있지. 예를 들면, 카토가 무거운 상자를 들고 가는 한 남자와 부딪쳤는데, 그 남자가 뒤늦게 "조심해요!"라고 말하자 카토가 물 었다네.

"뭐요, 또 다른 것도 옮기시오?"

[280] 우둔함을 비판하는 농담도 재미있지. 이 역 시 시칠리아인이 했던 농담일세. 스키피오가 판사로 재직하던 당시, 시칠리아인에게 출신배경은 좋지만 정말 멍청한 친척을 변호사로 [그 시칠리아인이 잘 모르는 로마법을 설명해주라고] 배정했다네. 그러자 시칠리아인 이 대답했지.

"존경하는 재판장님, 재판장님이 지정해주신 그 변호사를 제 상대편에게 보내주십시오. 그 러면 제게는 변호사를 배정할 필요가 없을 겁 니다."

근거 있는 추측이 실제와 매우 딴판일 때, 그러나 그 추측이 매우 기발하고 명확할 때도 재미있다네. 예를 들어, 아이밀리우스가 루틸리우스 루푸스^{Rutilius Rufus}를 누르고 집정관에 당선된 후, 루푸스를 부정선거로 고발했다네. 증거물로 루틸리우스의 회계장부를 제시했는데, 거기에 'A F P R'이라는 글자가 쓰여 있었지. 아이밀리우스는 이를 '루틸리우스의 뇌물 계좌^{Actum Fide P. Rutili}'라고 주장했네. 루틸리우스는 틀렸다고 반박하며 '미리 쓰고 나중에 기록하는 것^{Ante Factum, Post Relatum}'이라고 주장했지. 그때 루푸스를 옹호하기 위해 그 자리에 있던 가이우스 카니우스^{Gaius Canius}가 소리쳤네. "아닙니다. 두 분 다 틀렸습니다." 그러자 아이밀리우스가 물었네. "그럼 무슨 뜻인가?"

"아이밀리우스? 엉터리변호사. 그래서 루틸리우스는? 유죄^{Aemilius Fecit. Plectitur Rutilius}."

[281] 모순적인 말도 웃음을 유발하지.

"저 남자는 다 가졌어. 돈과 장점 빼고."

누군가 실수를 저질렀다는 듯 친근하게 비판하는 것도 재미있다네. 그라니우스^{Granius}가 화이트^{White}를 꾸짖었을 때를 예로 들어보겠네. 화이트는 알부키우스^{Albucius}가 자신[화이트]의 회계장부를 스카이볼라[화이트의 상사]에게 유리한 쪽으로 재판을 끝낼 증거로 사용했다고 생각했네. 스카이볼라가 무죄를 선고받고 화이트가 즐겁게 축하 인사를 전하고 있을 때 그라니우스가 그를 꾸짖었네.

"이 멍청한 놈아! 저들이 **그**는 무죄라고 선고했어도 너의 회계장부는 유죄로 판결한 걸 모르겠어?"⁵⁴

[282] 조언을 할 때 친근하게 알려주는 것도 이와 비슷하다네. 예를 들어, 실력이 그리 좋지 않은 변호사가 말하다가 목이 쉬어버리자 그라니우스가 그에게 집에 가서 차가운 음료를 마시라고 조언했지. "그렇게 하면 내 목소리가 망가질 거요!" 그러자 그라니우스가 대꾸했네.

"당신 의뢰인이 망가지는 것보다 그게 낫소."

[283] 누군가의 특이점을 꼬집는 것도 재미있다네. 예를 들면, 사람들이 스카우루스를 매우 부러워했는데, 유언장을 남기지 않은 한 부자의 재산을 상속받게 되었기 때문이었지. 스카우루스가 그 일과 상관없는 사건으로 재판장에 섰을 때, 인근에서 마침 장례 행렬이 진행 중이었다네.[55] 그러자 검사였던 멤미우

스가 이렇게 농담했지.

> "스카우루스, 저 고인이 갑자기 죽었는지 확
> 인해보시오. 재산을 얻을 수 있겠는지 가서
> 보라고!"

[284] 그러나 이 모든 농담 중 기습적인 농담보다
더 큰 웃음을 만들어내는 것도 없다네. 예를 들면 끝
이 없지. 일례로 원로원에서 공공농장 접근에 관한
법적인 함의를 놓고 토론하고 있었는데, 루쿨루스
Lucullus가 자신의 소 떼를 그 공공농장에 방목했다고
사람들에게 공격받았다네. 그러자 아피우스가 그를
두둔하며 말했지.

55 어떤 이들은 이 일화에 등장하는 이 사람이 루쿨루스가 아니라 유명 풍자가
인 루킬리우스라고 생각한다.

"그 소들은 루쿨루스의 소유가 아닙니다. 당신들이 틀렸소."

— 그는 마치 루쿨루스를 옹호하는 것처럼 보였네. —

"… 내가 말하고 싶은 건 그 소들은 **누구에게도** 속하지 않는다는 겁니다. 소들은 원하는 곳 어디서든 풀을 뜯어 먹는다고요."

[285] 나는 티베리우스 그라쿠스^{Tiberius Gracchus}를 암살했던 스키피오의 유명한 농담도 좋아한다네.[56] 플라쿠스^{Flaccus}가 계속해서 공개적으로 스키피오를 비난했고, 결국 그 논쟁을 중재할 판사로 스카이볼라를 추천했지. 스키피오는 이렇게 말했다네. "나는 그를

---

56 기원전 133년, 로마사의 변곡점.

받아들이지 않겠소. 그는 편파적이기 때문이오." 투덜대는 소리가 나오자 그는 이렇게 농담했네.

> "나는 그가 비단 나나 내 동료 의원들에게 불공평하기 때문이 아니라 모든 사람에게 그러하기 때문에 그를 인정하지 못하는 것이오."

이러한 농담 중에 크라수스가 했던 농담보다 재미있는 것은 없을 걸세. 한 재판에서 증인이었던 실루스Silus가 피소에 대한 추잡한 말을 들었다며 피소를 깎아내리자, 크라수스가 말했다네. "그 말을 전한 사람이 홧김에 한 말일 수 있소, 실루스." 실루스가 끄덕였네. "또 당신이 그를 오해하는 것일 수도 있지." 크라수스가 한 말에 그는 고개를 크게 끄덕였다네.

> "혹은 당신이 들었다고 한 그 말은 사실 들은 적 없는 말일 수도 있고."

그 말이 너무 기습적이어서 여기저기서 웃음이 터지는 바람에 피소에 대해 불리한 증언은 묻혀버리고 말았네.

노비우스도 이러한 농담을 많이 한다네. 흔한 예시 하나를 들어보겠네.

> "현명하신 '스토아' 양반, 그거 아시오? 인간의 몸은 추워지면 **떨린다오.**"

이런 농담이 수없이 많다네.

[286] 나에 대해 비판할 만한 부분을 상대에게 알려주는 것도 재미있지. 예를 들어, 가난한 사람들이 라일리우스더러 선조들처럼 살지 않는다고 계속 불평하자 그가 말했네.

> "음, 이런, 당신들은 당신들의 선조들처럼 사는군."

농담은 종종 세월이 흘러도 변치 않는 지혜로 표현되기도 한다네. 예를 들면, 마르쿠스 킨키우스^{Marcus Cincius}가 선물 수령을 제한하는 법안을 발의한 날, 가이우스가 그에게 찾아와 매우 불쾌한 기색으로 비꼬며 물었네. "귀여운 킨키우스야, 이 법안은 무엇을 위한 거니?" 그러자 킨키우스가 답했지.

"사고 싶은 것은 돈 주고 사라는 겁니다, 가이우스님."[57]

[287] 실현 불가능한 소망도 재미있다네. 예를 들어보겠네. 다른 사람은 전부 마르스 평원에서 운동을 하고 있을 때 레피두스^{Lepidus}는 잔디밭에서 쉬면서 이렇게 말했다네.

57　가이우스가 한 질문의 원문은 다음과 같다. "Quid fers, Cinciole?" 여기에서 라틴어 페레^{ferre}는 동음이의어로 '법안을 발의하다'와 '뇌물을 주다'를 모두 의미한다.

"이것도 운동으로 쳐주면 좋을 텐데."

사람들이 질문을 퍼부으면서 답변하라고 못살게
굴 때 한참 뜸을 들이다가 결국은 질문자가 원하지
않는 답을 주는 것도 재미있다네. 일례로 레피두스
가 감찰관이었을 당시 그는 피르기의 마르쿠스 안티
스티우스^{Marcus Antistius of Pyrgi}가 국가에서 지급받은 말
을 압수했다네. 안티스티우스의 친구들이 모두 분
노하여 물었지. "우리 친구가 말을 압수당한 이유에
대해 아버지께 뭐라고 말해야 하겠습니까? 그는 일
등 로마시민에, 뛰어난 부자에, 그러면서도 아주 겸
손하고, 재정 관리에도 탁월하다는 점을 고려해주시
면…." 그러자 레피두스가 대답했네.

"그중 하나도 못 믿는다고 하시오."

[288] 그리스인들은 저주, 놀라움의 표현, 협박 등

여러 유형의 농담도 수집하지만 나는 이미 두 번째 유형을 무척 상세하게 분류했다고 생각하네. 표현과 언어의 의미로 만들어지는 첫 번째 유형은 구체적이고 제한적이기 때문이지(이미 말했듯, 이러한 농담은 웃음보다는 감탄을 끌어내기 때문이네).

[289] 어떤 대상이나 생각 자체를 기반으로 하는 유형의 농담은 무한히 많이 분류할 수도 있지만, 간단하게는 몇 가지 유형으로 분류할 수도 있네. 기습적인 농담, 다른 사람의 특이점 조롱하기 혹은 자신의 특이점을 웃음 소재로 제공하기, 더 좋지 않은 것과 비교하기, 모르는 척하기, 엉뚱한 추론, 어리석음을 비판하기로 웃음이 유발되지. 그러므로 대중 연설을 위한 농담에 통달하고 싶은 사람은 타고난 유머 감각 외에 위 유형에 잘 어울리는 자질을 갖추어서 표정까지도 각 유형의 농담에 잘 어울릴 수 있게 해야 하네. 표정이 크라수스 자네처럼 더 엄숙하고 진지할수록 말하는 내용이 더 웃기게 들리지.

마지막 발언

카이사르

[290] 흠, 안토니우스, 자네는 내 이야기를 숙소 삼아 쉴 수 있으면 좋겠다고 이야기했는데, 결국은 근사하지도 않고 건강에 그다지 좋지도 못한 폰티노 습지에 정차한 것처럼 보이는군. 충분히 쉬었다고 생각하고 이제 이곳을 뜨고 남은 여행을 마저 끝내야 할 듯하네.

안토니우스

그렇게 하겠네. 재미있고 즐거운 접대 고맙고, 덕분에 앞으로 농담을 할 때 더 나은 식견과 자신감을 가지고 할 수 있을 것 같네. 나는 이제 이 분야에서 가벼워 보이는 것을 두려워하지 않게 되었다네. 자네가 파브리키우스를 비롯해 아프리카누스와 막시무스,

카토, 레피두스의 농담들을 내게 근거로 들어준 덕분
이네.

제2부
유머의 기술에 관하여

퀸틸리아누스 『연설가 교육』 6.3

키케로와 퀸틸리아누스에 관하여

키케로는 자신의 역작인 『연설가에 대하여』를 출판한 지 12년 후 쫓기다가 살해당했다. 정치인 출신 장군 마르쿠스 안토니우스가 보낸 자객에 의해서였다. 마르쿠스 안토니우스는 키케로가 「안토니우스 공박 연설」이라는 일련의 무자비한 정치 연설에서 구워삶기도 했던 인물이었으며, 재미있게도 우리가 좀 전에 만났던 안토니우스의 손자였다. 자객들은 키케로의 머리와 손을 베어 경고의 의미로 포럼에 전시했다.

수십 년이 흐르고 로마의 체제가 자유 연설이 중요시되었던 공화국에서 그렇지 않은 제국으로 변환되었다. 좋은 건지 나쁜 건지 알 수 없지만 설득하는 연설의 기술은 로마의 모든 일반 교육의 기반으로 남게 되었다. 키케로가 사망한 지 약 80년 후, 퀸틸리아누스가 당시에는 로마의 영토였던, 지금의 스페인 지역에서 태어났다. 그는 활동 말기에 세계 최초로 고대 로마 라틴어 수사학교의 학장이 되었다. 이제부터는 그의 역작인 『연설가 교육』의 초록을 다룰 것이다.

다른 독재자들처럼 로마의 첫 번째 황제 옥타비아누스(기원전 63년~기원후 14년)는 자신의 권력을 강화하기 위해 스스로를 원수元首, princeps라고 부르기 시작했다. 그러나 원로원은 그에게 '존엄한 자'를 의미하는 아우구스투스Augustus라는 별명 — 파파독Papa Doc처럼 고의가 아니었는데 재밌는 이름이 된 좋은 예[58] — 을 붙여주었고, 그 별명이 결국 그의 고유명사가 되었다. 그는 퀸틸리아누스의 논고에 여러 차례 등장한다.

---

58 아이티의 대통령이자 정치가, 의사, 문화인류학자였던 프랑수아 뒤발리에 François Duvalier. 의사이면서 동시에 아이티의 보건부장관을 역임하며 빈곤층의 전염병 확산 예방 등에 헌신하여 사람들에게 아버지 의사 선생님이라는 뜻의 파파독Papa Doc이라는 별명을 얻었다. 그러나 대통령으로 당선된 후 점차 독재정치를 펼치며 아이티를 부정부패와 빈곤으로 몰아넣은 최악의 통치자로 평가받는다. - 옮긴이 주

웃음을 끌어내기 힘든 이유

　[1] 연설가가 연마해야 할 또 다른 기술은 배심원을 웃게 하는 방법이다. 청중을 웃게 하면 흥분한 감정을 누그러뜨릴 수 있고 사실에 주의를 집중시키며, 긴 논의에 지치거나 지루해졌을 때 분위기를 환기시킬 수도 있다.

　역사상 두 명의 위대한 연설가 — 그리스와 라틴 수사법의 주요 인사 — 는 그 일이 얼마나 힘든지 보여주는 완벽한 예시이다. [2] 왜냐하면 많은 사람이 데모스테네스Demosthenes는 영 실력이 없고 키케로는 삼갈 줄을 모른다고 생각했기 때문이다. 데모스테네스가 농담에 무관심했다고 보기는 어렵다. 왜냐하면 그가 남긴 몇 안 되는 — 다른 기술들과는 어울리지 않는 — 농담을 보면 그가 농담을 싫어한 것이 아니라 그냥 그의 농담이 그다지 재미있지 않다는 사실을 알 수 있기 때문이다. [3] 반면에 사람들은 키케로를 일상생활뿐 아니라 대중연설에서까지도 과도하게 웃음을 추구하는 사람으로 여겼다. 개인적으로, — 내 생각이 옳든 아니면 그 수사법의 대가를 향한 지나친 열정에 내가 지배당했든 — 나는 키케로에게 어떤 놀라운 우아함이 있다고 생각한다. [4] 왜냐하면 그는 평소 대화에서 수많은 농담을 던졌고, 법적 논쟁이나 증인 심문에서도 농담을 그 누구보다 많이 이용했기 때문이다. 그는 베레스에게 퍼부었다가 불발되었던 농담들을 다른 사람의 탓으로 돌렸고, 그 농담을 증언으로 처리했다. 그래서 그 농담들이 진부하면 진부할수록 키케로가 생각해낸 것이 아니고 그저 널리 알려진 이야기라고만 생각하게 된다.**59** [5] 그의 노예였다가 해방된 자유민 티로(이 주제에 관한 키케

---

59 시칠리아의 부패한 총독 가이우스 베레스Gaius Verres를 공격하는 키케로의 연설집 6권 참조.

로의 책을 세 권 출판했던 사람)가 키케로의 농담을 더 많이 모으려는 열정 대신 농담의 수를 제한하고 선별하는 판단력을 더 발휘했더라면! 그렇다면 키케로도 비평가들의 먹잇감이 되는 일이 줄었을 텐데 말이다. 그러나 설령 티로가 농담을 선별해 기록했다고 하더라도 비평가들은 키케로가 능했던 다른 영역들과 마찬가지로 부족한 부분보다 과한 부분을 더 쉽게 찾아낼 것이다.

[6] 또한 유머를 배울 때 가장 큰 난관은 농담이 보통 허위이고, 사실을 고의로 왜곡시킬 때가 많으며, 모욕하되 절대 아첨하지 않는다는 점이다. 그다음 난관은 농담에 대한 사람들의 반응이 다양한데, 그 반응이 이성보다는 원초적 감정에서 나온다는 점이다. [7] 나는 지금까지 어느 누구도 — 많은 이들이 시도했지만 — 웃음이 어디서 나오는지 제대로 설명하지 못했다고 생각한다. 웃음이란 단지 어떤 말이나 행동뿐 아니라 일종의 신체적 접촉 등에서도 유발될 수 있기 때

문이다. 게다가 웃음을 일으키는 단 하나의 요소는 없다. 기발하거나 영리한 말과 행동만이 아니라 바보 같거나 화를 유발하거나 섬뜩한 것에도 웃음이 난다. 그래서 유머는 아슬아슬하다. **재치**는 **조롱**과 매우 가깝기 때문이다. [8] 키케로가 [236에서] 말하듯 웃음의 근원은 추함과 수치스러움에 있다. 또한 웃음으로 다른 이들의 관심을 이끌어낼 때는 '우아함'이라고 불리지만, 웃음이 연설가에게 다시 돌아오면 '우둔함'이라 불린다.

　게다가 웃음은 만담꾼이나 거리공연가, 혹은 바보라도 끌어낼 수 있는 아류의 것 같기도 하다. 그럼에도 불구하고 웃음에는 지배적이고 압도적인 힘이 있어 저항해도 소용없다. [9] 웃음은 때로 우리의 의지와 상관없이 발생하여 얼굴과 목소리에서 인정이 새어 나올 뿐 아니라 몸 전체가 격렬하게 흔들리기도 한다. 내가 [1절에서] 말했듯 웃음은 분노와 적대감을 매우 빠르게 소거하므로 아주 심각한 문제의 방향도

전환할 수 있다.[60]

　　[10] 타렌툼의 청소년들의 사례가 이를 증명한다. 그들은 저녁 만찬에서 피로스 왕에 관한 지저분한 이야기를 많이 떠들어댔다. 그들이 체포되어 그 일을 해명하는 자리에서 그 사실을 부정하거나 항변할 여지가 없었다. 그래서 그들은 시의적절한 농담과 웃음으로 상황을 모면하려 했다. 그들 중 한 명이 이렇게 농담을 던졌다.

　　　"아니, 우리가 술만 진탕 마시지 않았더라면 폐하를 죽였을 수도 있습니다."

60　'소거하다'라는 의미의 라틴어 프랑기트frangit는 훌륭한 수사적 중의성을 지닌다. 프랑게레frangere는 격한 감정을 '누그러뜨리다' 혹은 '소멸시킨다'는 의미와 문자 그대로 무언가를 '깨부순다'는 의미 두 가지를 다 지니고 있다. 이러한 맥락에서 볼 때 퀸틸리아누스의 의도는 몸을 격하게 흔드는 웃음이 분노나 증오 같이 체화된 감정을 물리적으로 흔들어 떨어뜨리는 역할을 한다는 뜻이다.

그 재치 있는 말이 그들의 혐의 위에 덮인 모든 악감정을 녹여버렸다.

[11] 유머에는 구조가 수반되며 그리스와 로마의 저자들도 유머의 규칙에 관하여 집필했으니 유머에 기술적 속성이 없다고 말하지는 않겠지만, 유머가 무엇이든 나는 그것이 유전적 현상과 적절한 기회의 산물임을 분명히 밝힐 것이다.

[12] 어떤 사람이 더 재치 있고 빠르게 생각을 떠올리느냐는 단순히 유전적인 요인만이 결정하지는 않는다(교육을 통해 개선이 실제로 **가능**하기 때문이다). 그렇지만 어떤 사람은 태어나면서부터 농담에 맞는 특별한 외모 — 표정이나 움직임의 방식 — 를 가지고 있어서 같은 농담도 다른 사람이 하면 그렇게 재미있지 않다. [13] 적절한 기회 — 학식이 없는 사람이나 두메산골 촌뜨기라도 농담을 던질 수 있게 하는 매우 강력한 요소 — 는 전적으로 상황과 이전 발언자가 말한 내용에 달려 있다. 모든 농담은 처음 도발보다

말대꾸일 때 훨씬 더 재미있기 때문이다.

[14] 유머를 어렵게 만드는 또 다른 요인은 [6절을 보라] 이를 가르칠 교사도, 수업도 없다는 점이다. 결론적으로 말하자면 일상의 경험이 우리로 하여금 농담을 더 잘하게 만들어주므로 많은 사람이 파티나 일상 대화에서 농담을 이용한 한마디 공격은 잘한다. 그러나 대중연설에서 재치를 발휘하기란 어려운 일이며 나름의 규칙 체계를 구축하기보다는 그저 판에 박힌 말을 차용할 뿐이다.

[15] 사실 정말 재미있는 모의 토론이나 특별한 표현 등 농담을 가르칠 교육 자료를 만들지 못하게 했던 방해 요소는 하나도 없었다. [16] 실제로는 그 반대다. 만일 우리가 조금이라도 체계화하거나 진지함을 더한다면 '무엇이든 허용되는' 축일에 주고받곤 했던 농지거리들, 그리스어로 말하자면 디아시르틱스diasyrtics도 정말 유용할 수 있겠다. 하지만 지금 그것들은 그저 학생들이 재미있어 하는 놀이일 뿐이다.

유머의 여섯 가지 특징

[17] 우리는 같은 것, 즉 **유머**를 수없이 다양한 이름으로 부른다. 그것들을 하나씩 살펴보면 각각의 고유한 특징이 드러날 것이다.

첫 번째는 '도시적인 세련됨'이다. 내 경험상 이는 단어와 소리와 용례가 틀림없이 '도시적'인 느낌과 지식인들 사이에서 나오는 어떤 세련미로 시작하는 말을 의미한다. 반대말은 '시골스러운 말'이다.**61**

[18] 두 번째로, 유머는 '매력적'인 말이기도 하다. 이는 유머에 일종의 우아함과 매력이 깃들어 있음을 의미한다.

세 번째로, 우리는 평범한 이야기에서 재미있는 요소를 '맛깔스럽다' 혹은 '자극이 있다'라고 한다.

---

61   도시적 세련됨이라는 개념은 102절부터 더 길게 다룬다.

맛깔스러운 말은 재미있어야 하지만 꼭 원래부터 재미있는 것만을 의미하지는 않는다.[62] 내가 이렇게 말하는 이유는 다음과 같다.

먼저 키케로는 [『연설가에 대하여』 90에서] '맛깔스러운' 말은 그리스 아테네 작가들의 전형적인 특징이라고 말한다(그들이 최대한 웃음에 초점을 맞춘다는 의미로 한 말은 아니다).

또한 카툴루스가 [시 86.4] 다음과 같이 말했을 때는 그녀의 몸에 재미있는 부분이 하나도 없다는 말이 아니었다.

♬그녀의 몸은 영 맛깔이 없다.♬

[19] 그러므로 라틴어로 살숨salsum이라고 표현하

---

62 라틴어 원문에서는 재미있는 말은 맛깔스럽기도 해야 한다고까지 말한다. 여러분은 퀸틸리아누스가 그 반대를 이야기한다고 생각할지 모르지만 말이다. 그가 혼동했던 것일까?

는 '맛깔스러움'은 '맛이 없지는 않음^{insulsum}'을 의미하는 것이 분명하다. 이는 마치 이야기의 기본 조미료 같아서 혀의 미뢰처럼 우리 마음이 알아차릴 수 없는 사이에 그 맛깔스러움을 받아들인다. 뿐만 아니라 맛깔스러운 농담은 이야기가 지루해지지 않게 해준다. 진짜 소금^{sal}이 적절하게 (물론 과하지 않게) 뿌려지면 음식의 맛을 돋우듯 농담^{sales}에도 이야기를 더 듣고 싶게 만드는 무언가가 있다.

[20] 네 번째로, 유머는 '재치 있는' 말이며, 이는 마냥 '재미있는' 말과는 다르다. 만일 그러하다면 호라티우스가 대자연이 베르길리우스에게 『목가시』에서 선보인 '재치 있는' 시풍을 선사했다고 말하지 않았으리라[『풍자시』 1.10.44~45]. 나는 '재치 있는'이라는 표현이 정제된 고상함과 매력을 나타낸다고 생각한다. 그래서 키케로는 자신의 편지에[『단편적인 서신들』 17.2] 브루투스의 말을 인용한다.

"옳소, 그것들은 한 남자가 명랑하게 활개 치는, 재치 있는 발걸음이었소!"

이 인용구는 호라티우스의 시구[『풍자시』 1.10.44~45]와 일치한다.

♫의기양양하고 재치 있는 사람, 베르길리우스가 바로 그런 사람이다!♫

[21] 다섯 번째로, 우리는 '농담'을 '심각한' 것과는 반대라고 생각한다. (…) 그러나 알다시피 이야기를 만들고 사람들을 겁주고 약속을 정하는 것도 모두 농담일 때가 있다.

여섯 번째로, '짓궂은 조롱dicacitas'은 분명 모든 종류의 유머의 기본 요소인 디케레dicere ['말하다'라는 뜻]에서 파생되었지만 '조롱하다'라는 의미가 적절하다. 그래서 사람들은 데모스테네스가 도시적이라고

하지만 짓궂다고는 하지 않는다.⁶³

---

63 『연설가에 대하여』 90절에서 키케로가 한 말이다. 현대 영어에는 디카키타스 dicacitas, '공격적인 언어'와 상응하는 단어가 없다(키케로 원문 218절에서는 그 구체적인 용례를 '한마디 공격'이라고 번역한다).

어떻게 유머를 사용해야 하는가

[22] 앞에서 언급한 모든 요소를 고려할 때, 우리가 지금 나누는 대화의 정확한 대상은 유머다. 그래서 그리스인들은 이를 다루는 책의 제목을 페리 겔로이온peri geloin, 『유머에 관하여』라고 붙인다. [23] 모든 변론법과 마찬가지로 유머 역시 기본적으로 언어와 대상에 기초하여 주로 분류된다고 한다[키케로 239]. 유머는 크게 세 가지 적용 지점이 있는데, 우리는 사람들이 다른 누군가에, 우리 자신에, 또는 다른 중립적인 대상에 웃음을 터뜨리게 만들고 싶어 한다. 다른 사람을 대상으로 농담을 할 때는 다른 사람의 말이나 상황을 비판하거나 폭로하거나 폄하하거나 흉내 내거나 농락한다. 우리 자신을 이용해 농담할 때는 스스로를 우스운 소재로 사용하여 '엉뚱한 추론'을 도출할 수도 있다(키케로가 [274와 289에서] 붙인 이름을 사용하

자면 말이다). 또한 익히 알다시피 우연히 튀어나온 바보 같은 말을 흉내 내면 매우 재미있다고 여겨진다. [24] 키케로도 언급하는 중립적인 대상을 이용한 농담은 기습적인 농담이나 오해의 소지가 있는 말들, 누구에게도 영향을 주지 않는 모든 것을 포함하며, 그래서 '중립적'이라고 부른다.

[25] 또 중요한 점은 농담이 우리의 행동 혹은 말에 달려 있다는 것이다. 행동은 진지함이 묻어날 때 웃음을 유발한다. 예를 들어 마르쿠스 카일리우스^{Marcus Caelius}가 재판관으로 일했을 때의 일이다. 당시 집정관이었던 이사우리쿠스^{Isauricus}가 자신의 변호사석 의자를 부수자[이는 공식적으로 변호사 자격 박탈을 의미한다] 카일리우스는 이를 채찍으로 엮어 만든 가죽 의자로 교체했다. 그 집정관 이사우리쿠스는 아버지에게 채찍으로 채벌당했다는 소문이 있었기 때문이다. 행동이 상스러울 때도 웃음이 난다. 예를 들면 카일리우스의 악명 높은 '상자'가 그러한데, 존경받는 연설가

나 신사라면 절대 하지 않을 일이다.**64** [26] (웃긴 표정이나 몸짓도 마찬가지다. 물론 이들만의 매력이 있지만, 진짜 재미있다고 먼저 말하는 농담만큼 재미없는 것도 없기에 뻔하게 웃음을 노리지 않을 때가 더욱 재미있는 법이다. 무표정한 얼굴은 재미를 극대화시키고 말하는 사람이 웃지 않고 있다는 사실만으로도 재미있지만, 적정선만 지켜진다면 세련미를 잃지 않으면서도 재미있는 눈빛이나 표정, 몸짓도 있긴 하다.)

[27] 우리가 말하는 농담은 갑바^{Gabba}처럼 외설적이거나 감상적일 수 있고 최근 유니우스 밧수스^{Junius Bassus}가 했던 말처럼 모욕적일 수도 있으며 카시우스 세베루스^{Cassius Severus}처럼 거칠 수도 있고 도미티우스 아페르^{Domitius Afer}처럼 가벼울 수도 있다.**65** [28] 중

---

64 키케로의 연설 『카일리우스를 옹호하여』(69). 키케로가 변호를 맡았던 카일리우스는 클로디아를 독살하려고 독약이 든 상자를 전달했다는 혐의 등으로 재판을 받았다. 카일리우스의 상자는 그 독약이 든 상자를 의미하며 키케로의 논박으로 무죄를 선고받았다. 다만 『카일리우스를 옹호하며』에 나오는 해당 본문에는 원문의 견해를 드러내는 농담이 없다. 웃음을 유발한 요인은 연설가의 어떤 행동에 있었음이 분명하다. – 옮긴이 주

요한 것은 언제, 어디서 말하느냐이다. 사교모임이나 격의 없는 자리에서 외설적인 농담은 서민들에게나 어울리겠지만 감상적인 농담은 모두에게 괜찮을 것이다. 누군가에게 상처를 주려는 의도는 바람직하지 않으므로 '친구를 잃어도 농담 하나 살리는 것이 더 낫지'라는 생각은 지워버리자. 법정 분쟁에서라면 차라리 가벼운 농담을 사용하는 것이 낫다. 재판에서는 대놓고 비판하고 합법적으로 사형을 구형할 권리가 주어지므로 상대를 엄중하게 대하고 모욕하기가 허용될 때도 있다. 그러나 누군가의 발목을 잡고 늘어지는 것은 무정해 보인다. 그들의 잘못이 아니거나 말하는 사람에게 역효과만 날 수 있기 때문이다. 그러므로 연설하는 사람이 누구인지, 어떤 법정 소송인지, 주재하는 재판관은 누구인지, 상대편은 누구인지

---

65 갑바는 아우구스투스 시대의 전설적인 만담꾼이었고 다음으로 나오는 세 사람은 그다음 세대의 연설가들이었다. 퀸틸리아누스는 이어지는 본문에서 그들이 성공시켰던 멋진 농담들을 몇 가지 인용한다.

를 가장 먼저 조사해야 한다.

[29] 거리공연가들은 웃음을 이끌어내려고 과장된 표정이나 몸짓을 사용한다. 하지만 연설가는 이를 무조건 삼가야 한다. 거리공연가, 가령 만담꾼의 조롱은 그 사람의 인격과 철저하게 분리되어 있기 때문이다. 하지만 연설가에게는 그렇지 않다. 연설가는 사용하는 언어뿐 아니라 말의 의도도 외설스러워서는 안 된다. 만일 상대에게 외설의 혐의가 제기될 수 있다면 웃어넘길 일로 다루어서는 안 된다. [30] 더욱이, 나는 연설가가 도시적으로 세련되게 말하기를 원하기에 그가 웃기려고 애쓰는 것처럼 보이지 않았으면 좋겠다. 최대한 농담을 삼가고 권위를 잃느니 농담을 포기해야 한다. [31] 덧붙이자면, 극악무도한 범죄 사건에서 농지거리하는 검사나 가슴 아픈 사건에서 농담이나 던지는 변호사를 참아줄 이는 아무도 없을 것이다. 마찬가지로 어떤 재판관들은 너무 진지한 나머지 웃음을 그냥 넘어가주지 않는다.

[32] 때로는 상대를 대상으로 한 농담이 재판관이나 변호 의뢰인에게 적용되는 일도 일어난다. 그런데 이렇게 자신에게 되돌아올 수도 있는 농담을 피하지 않는 사람도 있기는 하다. 술피키우스 롱구스^{Sulpicius Longus}가 그 본보기다. 그는 정말 못생겼는데, 어떤 이가 자유인인지 노예인지 신분에 관해 논하는 청문회에서 상대에게 이렇게 말했다. "…얼굴이 자유인답지도 않소!" 도미티우스 아페르가 되받아쳤다.

> "롱구스, 당신은 진심으로 얼굴이 말상인 사람은 **누구나** 노예여야 한다고 생각하오?"

[33] 우리는 농담이 경솔하거나 거만하거나 부적절하거나 미리 연습했거나 날조된 것으로 보이게 해서는 안 된다. 이미 이야기했듯 불행한 사람들을 희생시키는 농담은 잔인하기 때문이다. 더욱이 어떤 사람들은 권위가 높거나 존경을 받고 있어서 그들을 향

한 경솔한 언행은 화자에게 해로울 뿐이다(친구에 관한 주제는 이미 언급했다). [34] 이 점은 연설가보다 보통 사람들에게 적용된다. 공격하기에 위험한 사람이라면 진짜 적대감으로 연결되지 않을 정도로만 놀리는 것이 최선이겠다. 그렇지 않으면 비굴한 사과를 해야 할 것이다.

또한 민족정체성이나 신분, 지위, 혹은 대중적인 활동에 근거해 전체 무리를 공격하는 일반화는 좋지 못한 생각이다.

[35] 신사라면 자신의 품위와 자존심을 유지할 수 있는 것만 말할 것이다. 웃음이 고결함을 잃는 대가로 따라온다면 그런 웃음은 지나치게 비싼 값이 매겨진 것이다.

웃음을 끌어내고 사람의 마음을 얻는 법

웃음을 이끌어내는 방법론과 사람들이 참고하는 자료를 모두 나열하기란 불가능하다. 모든 유형을 하나하나 알아내려 한다면 시간만 낭비할 뿐 끝을 볼수 없기 때문이다. [36] 알다시피 농담에 관한 자료들은 우리가 '시대를 초월한 지혜의 조각'이라고 부르는 자료만큼이나 많다. 그리고 실제로 그것과 다를바 없다. 여기서도 우리는 창조적 사고와 연설 방법, 그리고 언어와 수사적 기술을 사용하는 연설 방법의 효과에 대해 알아보겠다.

[37] 자, 웃음은 우리가 목표하는 그 사람의 몸이나 그의 행동을 통해 드러나는 정신 또는 외부 환경에서 나온다. 모든 언어 공격은 이 항목들 아래로 들어간다. 만일 공격이 진지하게 이루어진다면 잔인하겠지만 부드럽게 진행된다면 재미있겠다. 우리는 모든 것

을 **보여**주거나 말로 **설명**하거나 재치 있는 말로 기억에 **새기고 저장**할 수 있다.

[38] 농담거리를 눈앞에 보여줄 기회는 매우 드문데, 카이사르[키케로의 대화 266의 화자를 의미함]가 했던 방식이 그렇다. 헬비우스 만키아가 말하는 도중 자꾸 끼어들자 그가 이렇게 말했다. "당신과 닮은꼴을 보여주겠소." 만키아가 계속해서 귀찮게 ─ "해보시오, 왜 안 보여주지? 정확히 어떤 닮은꼴을 보여주겠다는 거지?" ─ 굴자 카이사르가 킴브리족 방패에 그려진 갈리아 사람의 그림을 가리켰다. 그 순간에 만키아가 짓고 있던 표정과 꼭 닮은 모습이었다(포럼 주위에 상점들이 있었는데 그 방패가 기념품으로 전시되어 있었다).

[39] 재미있는 이야기를 말로 전하는 것은 변론업계에서 특히 민감한 기술이다. 예시로 키케로의 연설문 『클루엔티우스를 옹호하여』[57~58]에 나오는 카이파시우스와 [그의 변호 의뢰인] 파브리키우스의 이야기가 있고, 데키무스 라일리우스와 그의 동료가 부랴

153

부랴 동네를 떠나며 서로 다투었다는 마르쿠스 카일리우스의 [지금은 유실된 연설문에 나오는] 유명한 이야기도 있다. 이 모든 사례에서 전체 일화가 우아하고 매력적으로 다듬어진 가장 매력적인 부분은 키케로가 양념을 치듯 자극적으로 덧붙이는 부분이다. [40] 예를 들면, 키케로가 파브리키우스의 유명한 도주를 조롱⁶⁶했던 방식은 다음과 같다.

> (…) 카이파시우스는 자신이 **천재**적인 수준의 연설을 하고 있다고 생각하며 자신이 가지고 있는 온갖 기술의 밑바닥에서부터 이런 인상적인 말을 끄집어냈다.
> (파브리키우스의 변호사 카이파시우스의 목소리를 흉내내며) "배심원님들, 인간이 견뎌내야 하는 행운

---

66 퀸틸리아누스는 '양념' 또는 '농담을 더하다'의 의미를 지닌 라틴어 콘디-타condīta와 '이야기를 짜내다'라는 의미의 콘디타condita를 가지고 자기만의 소소한 말장난으로 활력을 더한다. 96절에서 한 번 더 사용한다.

의 역변을 굽어살펴 주십시오! 노령의 가이우스 파브리키우스를 조금만 굽어살펴 주십시오!"

그가 계속해서 '굽어살펴 주십시오!'를 반복하여 연설을 고조시키며 주변을 '살펴'보았는데 파브리키우스는 옷깃을 세우고 슬금슬금 빠져나가고 있었다![67]

이 외에 온갖 다른 자극적인 양념이 덧붙여졌는데 (유명한 내용이다) 실제로 일어난 일은 파브리키우스가 법정을 떠났다는 것이 전부다.

[41] 카일리우스도 전체 일화를 극적인 반어법을 섞어 표현했는데, 특히 마지막 부분이 그렇다.

67　여기에서 사용된 동음이의어인 라틴어 레스피케레respicere에는 (1) 정상참작 요소를 '살피다' (2) '둘러보다' 라는 뜻이 있다.

"그가 따라갔습니다. 그런데 어떻게 건너갔을까요? 뗏목으로? 고깃배를 얻어 타고? 아무도 알지 못했습니다. 시칠리아인들(아시다시피 짜증나는 농담 던지기를 좋아하는 이들)에게 물어본다면 그들은 그가 돌고래에 안장을 얹어 그 위에 올라탔다고 할 겁니다. 아리온처럼요."[68]

---

68 아리온은 지중해에 빠져 죽을 뻔했던, 고대 그리스신화에 등장하는 연주가다. 돌고래가 그를 등에 태워 안전하게 구해주었다고 한다.

재치 있는 농담에 관하여

[42] 키케로는 지혜는 이야기에 있고 재치는 짓궂은 조롱에 있다고 생각한다. 도미티우스 아페르는 이 첫 번째 유형에 놀라울 만큼 뛰어났는데 ― 이 유형에 해당하는 이야기 다수가 그의 연설에 삽입되어 있다 ― 그의 농담을 모은 책들도 출간되어 있다.

[43] (재치 있는 농담구절이나 응축된 익살 말고 조금 더 길게 전개되는 유형이 하나 더 있다. 키케로는 『연설가에 대하여』 제2권 [223]과 다른 여러 곳에서 크라수스가 브루투스를 까칠하게 대하는 모습을 이야기하면서 이 유형을 다룬다. [44] 알다시피 브루투스는 그나이우스[키케로는 그를 가이우스라고 부른다] 플란쿠스를 고발했고, 몇 가지 모순 ― 플란쿠스의 변호사 크라수스는 세르빌리우스 법을 옹호하는 연설을 했지만, 나르보의 식민지에서는 이와 반대되는 의견을 주장했다 ― 을 입증해줄 두 명의 낭독자를 그 재판에 소환했다. 그러자 크라수스는 세 명의 낭독자를 불러서 브루투스의 부

친이 쓴 『대화록』의 일부를 낭독하게 했다. 첫 번째 부분은 두 사람이 프리베르눔에 있는 별장에서, 두 번째는 알바의 별장에서, 세 번째는 티볼리의 별장에서 나눈 대화였기에 크라수스는 이 모든 부동산이 어디 있는지 계속 브루투스에게 질문했다. 브루투스는 이를 전부 팔아치운 상태였으며, 당시 사람들은 가족 재산을 청산하는 것을 나쁘게 생각했다. 이솝 우화, 혹은 시의적절하다면 역사적 일화를 말하는 것도 이와 비슷한 웃음을 이끌어낸다.)

[45] 그러나 재치 있는 농담구절은 그보다 더 짧고 간결하며 효과적이다. 농담과 말대답이라는 두 가지 종류가 있지만 다시 생각해보면 둘은 어느 정도 비슷하다. 말대답으로 할 수 없는 것은 먼저 말할 수도 없기 때문이다. 그러나 말대답은 저만의 고유한 특징을 지니고 있다. [46] 먼저 하는 농담은 미리 준비하거나 생각해둘 수 있지만 말대답은 대개의 경우 토론이나 증인 심문 중에서 나온다. 재밌는 농담의 토대로 사용할 수 있는 기록이 정말 많지만 전부 다 연설가에게 알맞지는 않다고 반복해서 말하는 것이 내가 맡은

임무다. [47] 특히 말꼬리를 잡고 늘어지는 즉흥적인 수수께끼나 시시한 사람들이 계속 주고받기만 하는 농담 따먹기, 모호성이 강하고 누군가를 모욕하는 동음이의어 말장난은 어울리지 않는다. 키케로가 (법정에서는 아니지만) 가끔 흘리는 농담들도 적절하지 않다. 예를 들어, 부친이 요리사로 알려진 한 후보자가 공직에 출마했는데 그가 어떤 이에게 자신을 찍어달라고 청탁하던 중 곁에 서 있던 키케로가 끼어들어 이렇게 말했다.

"바비큐 파티나 준비하시오, **내**가 지지해줄 테니!"[69]

---

69 라틴어 '나도'를 의미하는 쿼퀘quoque와 '요리사'를 의미하는 코퀘coque의 발음적 유사성을 이용한 말장난이다. 이후에도 키케로의 농담이 많이 나오지만 그 농담들의 정확한 출처가 없는 것처럼 아마도 퀸틸리아누스는 이 농담을 티로의 모음집에서 가져왔을 것이다(들어가기에 앞서를 보라).

[48] 두 가지 의미를 지닌 동음이의어를 사용하지 말아야 한다는 말이 아니라 두 의미 모두 완전히 사실로 뒷받침될 때가 아니면 상황에 잘 맞는 경우가 매우 드물다는 이야기다. 그래서 위의 예시는 사실상 그저 만담이며, 내가 앞서 [25에서] 언급했던 인물인 이사우리쿠스에게 했던 말도 마찬가지다.

"독립성의 화신이신 당신 아버지께서 어떻게 당신처럼 '회초리' 같은 사람을 남기셨는지 도통 모르겠네."[70]

[49] 그런데 이 유형에 매우 훌륭한 예시가 **있다.** 한 검사는 밀로가 클로디우스를 매복했다가 기습했

---

70 '주의를 요하는, 믿음이 안 가는' 사람이라는 의미와 문자 그대로 (아버지에게) '얻어맞은' 이라는 뜻이다. 원문에서는 라틴어 바리움varium 이 사용되었는데, 동음이의어는 조금 다르다. (1) '변덕이 심한' 이라는 뜻과 (2) '얻어맞은'을 의미한다.

다는 사실을 증명하기 위해 그가 보빌라이에 잠시 들러 클로디우스가 집을 나서기까지 기다렸으며 그 시간은 오후 3시 이전이었다고 혐의를 제기했다. 그러고 나서 반복해서 물었다. "그가 **언제** 죽었지?" 밀로는 이렇게 대답했다.

"늦게요!"**71**

이 예시는 이 유형을 절대 사용하면 안 된다고 생각하지 않아도 된다는 충분한 근거가 된다.

---

71 '더딘, 매우 느린'의 의미를 지닌 대표적인 라틴어 타르두스tardus처럼, 여기에서 사용된 세로sero도 '늦은', '매우 늦은'을 의미하기도 한다. 여기 언급된 상황은 키케로의 현존하는 연설문 『밀로를 옹호하여』에 포함되어 있다. 키케로는 275절에서 이와 비슷한 농담을 하기도 한다.

농담의 종류와 기술

[50] 어떤 단어의 함의가 단순히 둘 이상일 뿐 아니라 정반대의 의미일 수도 있다.**72** 예를 들어 행실이 나쁜 종에게 네로는 이렇게 농담했다.

"그에게 금지되거나 잠겨 있는 건 없지."

[51] 어떤 경우에는 수수께끼로 마무리되기도 한다. 일례로 폰테이우스^{Fonteius}의 고소인이었던 플라이토리우스^{Plaetorius}에게 벼락같이 내리쳤던 키케로의 말이 있다.

"그의 어머니는 생전에 학교^{ludus}(학교와 매춘소

---

72 조지 오웰의 소설 『1984』에 등장하는 언어인 신어와 마찬가지다.

를 의미)를 다니더니 죽어서 선생magistri(교사와 부동산 청산인을 의미)이 되었네."

이 말은 문란한 여자들이 그녀가 살아 있는 동안에는 그 집에 모이곤 했으나 그녀가 죽자 그 집을 팔아치웠다는 의미이다(여기서 루두스ludus는 '사랑의 학교'를 의미하는 비유이지만 마기스트리magistri는 동음이어다).

[52] 이 유형의 농담은 '환유적 용법'[73]에 해당되기도 한다. 예를 들어 아우구스투스 황제가 벗들에게 주었던 '선물congiaria'에 실망한 파비우스 막시무스가 이렇게 농담했다.

"숟가락이네!"

---

73 한 낱말을 표현하기 위해 그와 관련 있는 다른 낱말을 사용하는 수사법. – 옮긴이 주

라틴어 콩기아리움^{congiarium}은 선물을 뜻하는 동시에 1콩기우스[74]를 의미하기도 했기 때문에 그는 측정 단위를 언급함으로써 그 선물을 조롱했다. [53] 이 유형은 글자를 더하거나 빼거나 바꾸어 이름을 짓는 농담만큼이나 싱겁다. 내가 발견한 예시들은 다음과 같다.

- 아키스쿨루스^{Acisculus}은 평온한 상태가 회복되었기^{pactus} 때문에 '파키'스쿨루스$^{'Paci'sculus}$,
- 플라키두스^{Placidus}는 신랄한^{acerbus} 성격 때문에 '아키'두스$^{'Aci'dus}$,
- 툴리우스^{Tullius}는 남의 물건을 잘 가져갔기^{tollo} 때문에 '톨'리우스$^{'Toll'ius}$라고 불렸다.

[54] 그러나 이러한 수법은 이름보다는 실제 대상에 더 잘 통한다. 알다시피 마닐리우스 수라$^{Manilius Sura}$

---

74 고대 로마의 용량 단위. – 옮긴이 주

가 한 소송의 변호를 맡아 계속해서 이리저리 돌아다
니며 뛰며 손을 들어올리기도 하고 옷을 만지작거리
자 아페르가 조롱했다.

> "저 사람은 '법도'를 따르는 것이 아니라 '법
> 석'을 떨고 있소!"

'법석을 떨다'는 원래도 재미있는 표현이라서 앞
서 나온 단어와 닮지 않았어도 재미있었을 것이다.

[55] 단어를 나누거나 붙이는 것은 약한 농담이다.
그런대로 괜찮을 때도 있지만 이름에 관련한 농담도
마찬가지다. 키케로는 '멧돼지'를 뜻하는 이름을 가
진 베레스^{Verres}를 공격하는 연설에 그런 농담을 많이
사용하긴 하지만 항상 다른 사람의 입을 빌린다.

- "그가 전부 '쓸어버리려^{verrere}' 했습니다."
- "그는 피해자들을 에리만토스의 멧돼지가 헤

라클레스에게 덤볐던 것보다 더 거칠게 대했습니다."

- "그 아무짝에도 쓸모없는 멧돼지/베레스를 남긴 사람은 못된 '신관sacerdotem'이었습니다."

(베레스의 전임자의 이름이 사케르도티Sacerdoti였다.)

[56] 그러나 때로 이런 농담을 제대로 사용할 수 있는 기회가 행운처럼 주어지기도 한다. 한 가지 예시로 키케로의 연설문 『카이키나를 옹호하여』에 [27] 은행가였던 섹스투스 클로디우스 포르미오Sextus Clodius Phormio를 공격하는 내용이 있다.

"테렌스 희극의 포르미오처럼 '그늘지고' 뻔뻔스러운 사람이었다."[75]

---

75 테렌스는 고대 로마의 셰익스피어였다. 그의 희극 『포르미오』의 주인공은 어두운 가면을 쓰고 있었다. 당시 은행가들의 손끝이 동전을 만지느라 새까매졌던 데서 착안하여, 이 농담에 포르미오를 가져다 썼다.

[57] 보통은 위와 같이 대상의 의미에 기반을 둔 농담이 더 효과적이고 정교하다. 유사성은 그런 종류의 농담에서 가장 중요한 요소이다. 우리 조상들이 렌툴루스 '스핀터'Lentulus ˈSpintherˈ, 스키피오 '세라피오'Scipio ˈSerapioˈ라고 별명을 붙였던 농담처럼 비교점이 변변찮고 그리 중요하지 않다면 말이다.**76** 또한 사람뿐 아니라 동물에게서도 유사성을 찾을 수 있다. 예를 들어, 내가 어렸을 때 사람들은 심각한 얼간이였던 유니우스 밧수스를 [58] '하얀 수탕나귀'**77**라고 불렀고 사르멘투스Sarmentus는 메시우스 키키루스Messius Cicirrus가 '야생마' 같다고 말했다. 무생물도 비교 대상이 될 수 있다. 예를 들어 율리우스는 까무잡잡하고 마른 체형에 자세는 구부정하고 어깨가 굽어 있었다. 푸블

---

76 렌툴루스와 스키피오는 각각 스핀터라는 배우와 세라피오라는 보조 도살업자를 닮은 집정관들이었다(발레리우스 막시무스Valerius Maximus의 책 9.14를 보라). 고대 로마에서 배우는 매우 천대받았다.

77 수탕나귀에는 멍청이라는 뜻도 있다. – 옮긴이 주

리우스 블레시우스Publius Blessius는 그를 '쇠고리'라고 불렀다. 이는 요즘 웃음을 이끌어내기 위해 가장 흔하게 쓰이는 기술이다.

[59] 유사성은 꾸밈없이 쓰일 때도 있고 터무니없이 과장될 때도 있다. 한 가지 예로 아우구스투스 황제가 했던 고전적인 말이 있다. 어떤 군인이 청원하러 와서 계속 주저하자 *그가* 이렇게 농담했다.

"코끼리에게 콩알을 가져오면 안 되지."

[60] 유사성은 때로 내적인 본질에 기초하기도 하는데, 바티니우스Vatinius의 농담이 이를 잘 설명한다. 칼부스Calvus가 법정에서 바티니우스를 고발하면서 *그가* [피고는 전통적으로 법정에서 어두운 옷을 입는데 어두운 색이 아닌] 흰 손수건으로 이마를 계속 닦는 사실을 지적하려 했다. 그러자 바티니우스가 맞받아 응수했다.

"그렇소, 당신은 내 이름에 먹칠을 하고 있는데, 그거 아시는지요. 내가 먹는 빵도 흰색이라오."

[61] 대등한 것들 사이에서 우열을 가르는 농담은 더 재미있다. 이 유형에서는 농담의 대상이 되는 소재에, 그와 유사한 성격을 지니고 있지만 실제로는 다른 소재가 속한 주변 환경을 차용한다. 예를 들어 보겠다. 카이사르의 개선 행진에 상아로 만든 도시 모형이 특별히 포함되었다. 며칠 후, 파비우스 막시무스의 개선 행진에는 목재로 만든 도시 모형이 사용되었다. 그 모습을 보며 크리시포스^{Chrysippus}가 이렇게 조롱했다.

"카이사르의 것이 든 상자의 행렬이네!"

또 다른 예로, 한 검투사가 상대 검투사를 그물로 포획했으나 죽이지는 않는 모습을 보며 페도^{Pedo}가 농담을 던졌다.

　　"이 사람은 상대를 생포하고 싶은가 보군."

　[62] 대상의 유사성이 동음이의어 농담과 결합될
수도 있다. 예를 들어, 경기에 진심을 다하지 않는 축
구 선수에게 갑바가 이렇게 말했다.

　　"너는 지금 황제가 미는 후보가 선거에 나선
　　것처럼 열심히 나서지 않고 있잖아!"

　여기서 '나서다'는 동음이의어이고 노력의 부족은
유사성이다. 내가 말하고자 하는 바는 이 예시로 충
분하다고 본다.

　[63] 다 이야기한 듯한데, 여러 가지 유형이 섞인
농담이 가장 흔하며 많이 섞일수록 좋다. 대상 사이
의 부조화도 마찬가지다. 예를 들면, 아우구스투스가

상위 중산 계층의 로마인이 공연 도중에 술 마시는 것을 발견하고 그에게 전갈을 보냈다. "나는 밥이 먹고 싶으면 집으로 간다네." 그러자 그 남자가 이렇게 쏘아붙였다.

"그렇겠지요! **당신**은 자리를 뺏길까 봐 걱정할 일이 없을 테니까요."

[64] 여러 종류의 농담에 반어법이 사용된다. 그런데 다음의 두 방식은 같지 않다. 첫 번째 사례로, 아우구스투스가 한 공직자를 불명예스럽게 면직시키자 그가 "아버지께 뭐라고 말해야 하나?"라고 계속 중얼거렸다. 그때 아우구스투스가 이렇게 대답했다.

"아버지께 가서 내가 그대의 기준을 못 미친다고 하라."

두 번째 사례로, 갑바는 우산을 빌려달라고 요청하는 남자에게 이렇게 대답했다.

"못 빌려주겠군. 미안하네. 내가 집에 있어서 말이야."

그 이유는 그의 식당 천장에서 물이 새기 때문이었다. 그리고 다음을 예로 들 수 있다. 그러나 이 말을 누가 했는지는 그의 명예를 위해 밝히지 않겠다.

"당신은 내시만큼이나 성욕이 지나치군."

우리를 다소 당혹스럽게 만드는 말이지만 반어법의 적절한 예라고 할 수 있다.

다음으로 소개할 방식은 같은 유형이지만 위의 예시들과는 다르다. 마르쿠스 베스티누스^{Marcus Vestinus}는 [끔찍한 악취가 나는 사람이 죽었다는] 소식을 들었을 때 이렇게 말했다.

"마침내! 이제는 그에게서 냄새가 나지 않겠
구나."

[65] 조상들이 우리에게 남긴 마지막 예시까지 전
부 실으려면 이 논의는 과부하가 걸려서 그저 단순한
농담 모음집이 될 것이다.[78]

78　키케로의 논고 217절과 비교해보라.

수사적 표현을 이용하기

어떤 논법을 사용하든 재치 있게 말할 여지는 있다.[79] 그래서 아우구스투스는 정의를 내리는 방법을 사용하여 두 명의 거리무용수가 앞뒤에서 무언극을 하고 있는 모습을 언급했다. 그는 한 사람을 '주인공'으로, [66] 다른 한 사람을 '방해꾼'으로 불렀다. 갑바는 우산을 빌려달라는 사람에게 분할법을 이용해 말했다.

> "비가 오지 않으니 당신은 우산이 필요하지 않을 거요. 비가 온대도 내가 써야 하오."

---

79 이 부분에서 퀸틸리아누스는 그리스와 로마 웅변술에 사용되었던 거의 무한한 기술 용어 중 몇 가지를 언급한다.

모든 유형이 이런 식으로 이루어진다.

수사적 비유법도 마찬가지다.

[67] 대다수의 농담이 과장법이지 않은가? 키가 정말 큰 사람을 두고 했던 키케로의 농담을 예로 들 수 있다.

"그는 개선문에 머리를 찧었어."

자녀들이 부모보다 점점 작아지는 렌툴루스가에 관한 푸블리우스 오피우스Publius Oppius의 농담도 있다.

"출생은 저들이 소멸하는 원인이 되리라."

[68] 반어법은 어떨까? 가장 냉소적인 반어법도 기본적으로는 농담에 속하지 않던가? 갈루스는 수익성이 좋은 지역의 관리직을 할당받고 싶어 안달이 나서 교묘하게 수를 쓰다가, 결국 일을 따내자 마치 억지

로 맡게 된 듯 행동했다. 이를 두고 아페르가 반어법을 사용하여 기발한 농담을 던졌다.

"네 나라를 위해서도 뭔가 해보지 그래."

키케로는 은유를 사용하여 농담하기도 했다. 바티니우스가 죽었다는 소식을 들었으나 그 소문의 신뢰도를 확신할 수 없었던 키케로는 이렇게 농담했다.

"믿음을 살 수 없다면 대출을 받지 뭐."

[69] 키케로는 재판장에서 변호보다 고발에 더 뛰어난 마르쿠스 카일리우스에 대해 말할 때 대유를 사용하기도 했다.

"오른손 힘은 좋은데 왼손은 약해."

아울루스 빌리우스Aulus Villius는 암시적인 표현을 사용했다.

"투키우스의 몸에 칼자국이 새겨졌다."[80]

[70] 그리스어로 스케마타 디아노이아스schemata dianoias라고 부르는 의미적 비유법도 마찬가지로 농담을 분류하는 데 사용된다. 우리는 대화 중에 무언가를 궁금해하고 질문하고 동의한다. 위협하거나 소망하거나 동감하거나 화를 내기도 한다. 명확하게 표현할 수 있다면 이러한 발상은 대체로 재미있다.

[71] 어리석음을 비판하기는 쉽다. 어리석음은 그

---

80 원문은 "Ferrum in Tuccium incidisse."로, 이 문장의 마지막 단어가 '습격당하다'라는 의미의 인키디세incidisse인지, 아니면 '베다, 째다'라는 의미의 인키-디세incidisse인지, 그도 아니면 둘 모두를 동시에 의미하는지를 확언하기는 어렵다.

자체로도 우습기 때문이다. 하지만 약간의 사소한 양념을 더하면 더욱 재치 있게 느껴진다. 캄파티우스 Campatius가 공연이 끝난 직후 극장에서 빠져나가고 있을 때 막시무스가 어리석게도 공연을 보았는지 물었다. 캄파티우스의 대답은 막시무스의 질문을 더 멍청해 보이게 만들었다.

"아니, 나 무대에서 공차고 있었잖아."

[72] 논박은 부정, 반박, 해명, 축소, 이동으로 이루어진다. 부정의 재미있는 예시로 퀸투스 쿠리우스 Quintus Curius의 부정을 들 수 있다. 검사가 배심원들에게 쿠리우스에 관한 시각 자료를 보여주었는데, 그 모든 그림에서 쿠리우스는 나체로 차꼬를 차고 시민들 앞에서 형벌을 받고 있거나 아니면 도박장에서 친구들에게 끌려 나오고 있었다. 그 자료를 본 그가 이렇게 농담했다.

"제기랄, 내가 한 번도 이긴 적이 없다고?"

[73] 공개적으로 반박하는 방법으로 농담을 할 수도 있다. 예를 들면 비비우스 쿠리우스^{Vibius Curius}가 대화 도중 자신의 나이를 계속 속이자 키케로가 이런 농담을 던졌다.

"아, 알겠다. 그러니까 당신과 나는 당신이 태어나기 전에도 같이 연습했나 보군요."

아니면 상대의 말에 동의하는 척하면서 반박할 수도 있다. 예를 들어보자. 돌라벨라^{Dollabella}가 자신의 아내는 서른 살이라고 주장하자 키케로가 이렇게 맞받아치며 농담했다.

"맞는 말이야! 나는 그녀가 그렇게 말하는 걸 20년째 듣고 있거든."[81]

[74] 때때로 부정하는 대상을 더 자극적이고 부정적인 표현으로 치환해도 좋다. 예를 들면, 유니우스 밧수스가 도미티아는 주기적으로 오래된 신발을 판다고 말하며 그녀를 구두쇠라고 했다. 도미티아가 화를 내자 밧수스가 이렇게 농담했다.

"맙소사, 아니오! 나는 절대 그렇게 말하지 않았소. 나는 당신이 낡은 신발을 **샀다**고 했지."

어떤 상류층 사내가 해명의 본보기를 보여주기도 했다. 그가 부모로부터 물려받은 재산을 다 날리자 황제가 그를 질책했다. 그러자 그가 농담했다.

"제 돈인 줄 알았죠 뭐."

---

81 이 돌라벨라는 푸블리우스 코르넬리우스 돌라벨라Publius Cornelius Dolabella로, 전부인 파비아가 떠난 후 키케로의 딸 툴리아와 결혼했으며, 기원전 43년에 사망했다.

[75] 축소는 두 가지 형태를 취한다. 먼저 바보 같은 허튼소리를 적당하게 자르는 것으로, 카이사르[키케로 대화집의 주된 화자]가 폼포니우스Pomponius에게 했던 방식이다. 폼포니우스는 술피키우스의 반란 당시 입었던 얼굴의 상처를 보여주며 자신이 카이사르를 위해 싸우다가 얻은 것이라며 자랑을 멈추지 않았다. 그러자 카이사르가 이렇게 대답했다.

"달아날 때는 **절대로** 뒤돌아보면 안 되지."

다음은 혐의를 축소하는 것이다. 예를 들어, 사람들이 60대의 나이에 10대 숫처녀와 결혼하는 키케로를 비난하자 그는 이렇게 대답했다.

"아내는 내일 여성이 될 것이오."

[76] 어떤 사람들은 축소하는 유형의 농담을 '연

속'이라고 부른다. 항상 어린 시절에 대한 사과로 연설을 시작하는 쿠리오^{Curio}에 관해 키케로가 했던 말이 이와 비슷하다.

"이야기 도입부가 점점 더 매끄러워지는군."

어떤 상황이나 일화에서 그로 인한 농담이 자동적으로 연결되는 방식이기에 연속이라는 이름이 붙은 것이다. [77] 어떤 일의 원인을 실제와는 다른 데 돌리는 방법도 축소하는 농담의 한 종류이다. 키케로는 이를 바티니우스에게 사용한 바 있다. 바티니우스는 걷는 데 장애가 있었는데, 자신의 상태가 점차 나아지고 있다고 주장하고 싶어서 자신이 매일 약 3킬로미터씩 걷고 있다고 주장했다. 그러자 그의 말을 들은 키케로가 이렇게 농담했다.

"그래 뭐, 낮이 길어지고 있으니까…."

또 한 가지 예로, 타라코 사람들이 아우구스투스에게 바쳤던 분향소에서 야자나무 싹이 자랐다고 보고하자 아우구스투스가 농담을 던졌다.

"당신들이 제단에 얼마나 자주 불을 피우는지 알겠군!"

[78] 혐의를 이동시키는 방법은 카시우스 세베루스Cassius Severus가 분명히 보여준다. 그의 변호사가 아우구스투스의 친구인 에피쿠로스학자를 모욕했다는 이유로 판사가 그를 맹렬히 비난하자 그가 이렇게 대답했다.

"저는 누가 그분을 모욕했는지 **알지도** 못했는데, 그가 스토아학파 사람이었나 봅니다."**82**

말대답에도 다양한 종류가 있으며 가장 매력적인

방법은 언어적 유사성에 착안한 것이다. 예를 들어 트라칼루스Trachalus가 수일리우스Suillius에게 "이게 사실이면 당신은 감옥에 들어갈 것이다."라고 말하자 그가 이렇게 대답했다.

"사실이 아니라면 당신이야말로 [감옥으로] 돌아갈 것이다."**83**

[79] 카시우스 세베루스는 회피의 예를 생생하게 보여준다. 어떤 사람이 자신의 집에 세베루스가 접근하지 못하도록 출입 금지 명령을 받은 것을 두고 조롱했다. 그러자 세베루스가 대답했다.

---

82 여기서 에피쿠로스학파 사람과 스토아학파 사이의 관계는 현대의 유대인과 무슬림 사이와 비슷하리라.

83 "Si non est ita, redis." 라틴어에서 '가다'를 의미하는 이레ire와 '돌아가다'라는 의미의 레디레redire는 비슷하게 쌍을 이루는 동사다.

"내가 언제 간 적이나 있나?"

농담을 농담으로 회피할 수도 있다. 예를 들어보자. 갈리아인들이 신성한 아우구스투스에게 수십 킬로그램에 달하는 무게의 목걸이를 선물로 바쳤다. 돌라벨라가 반쯤 농담으로 ― 반은 진담으로 ― 말했다. "장군님! **제게** 그 목걸이를 선물로 주시지요!" 아우구스투스가 대답했다.

"자네에게는 시민의 영관[최고의 명예이지만 형식적인 기념품]을 주어야지."

[80] 그뿐 아니라 거짓말을 거짓말로 회피할 수도 있다. 예를 들어 어떤 남자가 시칠리아에서 사람 키만 한 장어를 푼돈 주고 샀다고 주장하자 갑바가 이렇게 농담했다.

"놀랄 일도 아니네! 거기 아랫지방 장어는 너무 커서 어부들이 밧줄이 아니라 장어에 엉킨다잖아."

[81] 인정하는 척하는 방식은 부정의 반대이지만 마찬가지로 매우 재치 있는 방법이 될 수 있다. 예를 들면, 아페르가 황실에서 일하는 황제의 어느 자유민에 대항하여 사건의 변호를 맡았다. 갑자기 맞은편에서 같은 계층의 사람이 소리쳤다. "당신은 항상 황제의 자유민들만 공격하지!" 그러자 아페르가 농담했다. "제길, 맞아."

"…그리고 잘된 적이 단 한 번도 없지!"

상대의 말이 명백히 거짓이거나, 재치 있게 답변할 수 있는 말을 굳이 부정하지 않는 경우도 이와 유사하다. 예를 들면, 필리푸스가 카툴루스에게 "왜 그렇게 소리 지르는 거야?"라고 물었을 때 그가 이렇게 대답했다.

"도둑놈이 보이거든."

[82] 자기 자신을 조롱거리로 삼는 것은 만담꾼들이나 쓰는 방법이며 연설가에게는 절대 적절하지 않다. 이 농담은 만들어내는 만큼 다양하게 사용할 수 있고 흔하기도 하지만 나는 넘어가려 한다.

[83] 그에 반하여 위협하거나 협박하는 말은 설령 웃기더라도 품위 있는 사람에게는 무가치하다. 나는 이런 표현을 사용했던 사람을 알고 있다. 토론 도중 신분이 낮은 사람이 계속 자신을 공격하자 그가 이렇게 말했다.

"당신 얼굴을 한 대 쳐버리고 왜 이렇게 두꺼운 머리뼈를 가졌냐고 고소할 뻔했네."

여기서 문제는 청중이 웃어야 할지 소리 높여 항의해야 할지를 아는가에 있다.

예상을 깨뜨리고 상황을 곡해하기

[84] 이제 이 영역에서 단연코 가장 재미있고 매력적인 유형들이 남아있다. 예상을 깨뜨리는 농담과 상대의 말을 곡해하는 농담이다.

기습적인 농담은 먼저 말하는 사람이 사용할 수 있다. 키케로의 농담을 예로 들 수 있다.

"저 남자는 다 가졌어. 돈과 장점 빼고."

혹은 한껏 차려입은 사람에 대한 아페르의 언급도 있다.

"사건 변호를 위해선가, 저 남자는 **완벽하게** '차려입었네.'"

기습적인 농담은 대답으로도 사용된다. 예를 들어보자. 키케로는 바티니우스가 죽었다는 거짓 소문을 들었다. 그는 바티니우스의 자유민에게 달려가 물었다. "모두 다 괜찮나?" "모두 다 괜찮습니다." 그러자 키케로가 말했다.

"그가 **정말** 죽었군!"

[85] 그렇지만 가장 큰 웃음은 아는 척하는 농담과 모르는 척하는 농담에 있다. 이 둘은 이웃, 심지어 거의 쌍둥이지만 아는 척이 마음의 진짜 생각을 흉내내는 것에 가까운 반면 모르는 척은 다른 사람의 말을 못 알아듣는 척하는 것에 가깝다.

아는 척은 아페르의 사례로 설명할 수 있는데, 영향력 있는 여성인 켈시나Celsina가 어떤 사건에 결정적인 영향력을 발휘했다며 시끄러울 때였다.

"그가 누군데?"

아페르의 질문이었다(그는 마치 켈시나가 남자 이름인 줄
안 것처럼 연기했다).

[86] 모르는 척은 키케로의 말로 이해할 수 있다.
식스투스 아날리스Sixtus Annalis라는 증인이 키케로의
의뢰인의 명예를 실추시키자 검사가 그 점을 계속 강
조했다. "말해보시오, 키케로. 식스투스 아날리스에
대해 뭐라 ─ 할 말이 있다면 ─ 말할 수 있겠소?" 그
러자 키케로가 엔니우스의 『연대기Annales』제6권에서
문장을 인용하기 시작했다.

♬숨 막히는 전쟁의 이유를 그 누가 말할 수
있으리오…?♬

[87] 이 유형의 농담에서는 모호한 내용이 유달리
많이 나타난다. 카스켈리우스Cascellius의 경우가 그랬

다. 한 [이혼한] 의뢰인이 "제가 가지고 있는 배를 나누고 싶어요."라고 말하자 그가 이렇게 농담했다.

"그럼 망칠 것이오."[84]

이야기의 초점이 심각한 문제에서 조금 더 가벼운 문제로 옮겨질 때 의미가 또 다른 방식으로 뒤틀리기도 한다. 예를 들면, 어떤 사람이 **현행범**으로 잡힌 남자에 관한 의견을 말하라는 질문을 받았다. 그는 이렇게 대답했다.

"더 빨리 도망쳤어야 했네요."

---

84 두 가지 모호성이 있다. 의뢰인이 말한 '나누다'라는 표현의 라틴어 디비데레 dividere는 (1) '공유하다'와 (2) '파괴하다'를 의미한다. 카스켈리우스가 답한 한마디, '페르데스Perdes'는 (1) '당신은 (재판에서) 질 것이다'와 (2) '당신은 (배를) 망가뜨릴 것이다'를 모두 의미한다.

[88] 이와 비슷한 예시가 아주 많다. 키케로의 글 [278]에서 예시를 들자면, 아내가 무화과나무에 목을 매달아 죽어 통곡하는 남자에게, 시칠리아인이 던진 말이 있다.

"내가 그 나뭇가지를 얻어 심을 수 있을까?"

아마 그 시칠리아인은 평소 아내에게 무척 시달리고 있었을 것이다.

다르게, 틀리게, 부정확하게 말하기

[89] 유머의 숨은 근간은 무언가를 다르게, 틀리게, 부정확하게 말하는 것이다. 이는 어떤 견해 — 자기 견해일 수도 있고, 타인의 견해일 수도 있다 — 를 꾸며내거나, 불가능한 것을 말할 때 나타난다.

[90] 유바Juba는 타인의 견해를 꾸며내는 방식을 실제로 보여주었다. 한 남자가 유바의 말馬이 흙탕물을 튀겼다며 불평했다. 그러자 유바가 물었다.

"내가 켄타우로스라고 생각하는가?"

가이우스 카시우스는 자신의 견해를 꾸며내는 유머를 보여주었다. 어떤 군인이 칼도 없이 훈련에 임하고 있었다. 그 모습을 본 그가 농담했다.

"전우여, 그대는 맨주먹만으로도 무척 잘 싸우나 보오!"

갑바도 마찬가지다. 전날 반쯤 먹다 남은 생선이 먹지 않은 쪽으로 뒤집어진 채로 다음날 밥상에 다시 올라오자 그가 이렇게 농담했다.

"서둘러 먹자! 다른 사람들이 이미 먹기 시작했다!"[85]

내가 앞서 인용했던, 키케로가 쿠리우스를 신랄하게 공격하는 장면에서 불가능한 것을 말하는 세 번째 유형을 볼 수 있다. 즉 쿠리오스가 연설 연습을 하고

---

[85] 이 농담에서 등장하는 중심 단어인 수브케나레subcenare는 오로지 여기에서만 사용되는 단어로, 그 의미는 밝혀진 바 없다. 이 번역은 이해할 수 없는 중요 구절을 추측해 본 최선의 시도이다. '모든 사람의 음식이 다 차려지기 전에 먼저 먹기 시작했다'라는 의미 같은데, 그렇다면 갑바의 농담은 '밑바닥부터 먹다'로 재해석된다.

있는데 그때 태어나지도 않았다는 것은 명백히 일어날 수 없는 일이다. [91] 반어법에 기초하여 말을 지어내는 방법도 있다. 카이사르[아마도 키케로의 화자]가 이를 사용했다. 한 증인이 피고가 자신의 허벅지를 칼로 여러 번 찔렀다고 주장했다. 그의 주장을 논박하기란 매우 쉬웠을 것이다. 왜 피고가 그 특정한 부위에 상처를 내려 했는지를 물을 수도 있었다. 그러나 그 대신에 카이사르는 이렇게 농담을 던졌다.

> "적당히 하시오! 당신은 투구와 흉갑을 차고 있었잖소!"

[92] 그렇지만 가장 최고의 농담은 거짓말쟁이가 제 꾀에 걸려 넘어지게 만드는 것이다. 도미티우스 아페르가 이를 보여준 적이 있다. 그는 오래 전에 유언장을 써놓았는데, 최근에 사귀게 된 그의 친구가 아페르의 유산을 탐냈다. 그래서 그는 이야기를 지어

내 아페르의 조언을 구하러 찾아갔다. "나이가 지긋하신 장교가 있습니다. (…) 그분이 이미 유언장을 작성해놓으셨는데 (…) 제가 그분의 진짜 마지막 최후의 희망 사항을 정리해드리는 것이 좋을까요?" 아페르가 대답했다.

"아니. 그러면 그분을 불쾌하게 하는 걸세."

[93] 하지만 이 모든 유형들 가운데 가장 재미있는 농담은 선한 유머이지, 소화도 제대로 되지 않는 불편한 농담이 아니다. 아페르의 예시를 보자. 은혜를 모르는 한 의뢰인이 포럼에서 아페르를 피해 다녔다. 아페르는 그에게 조수를 보내 이런 말을 전했다.

"내가 당신을 의식하지 않도록 내게 감사 인사를 해줬으면 하오."

또 아페르에게는 집사가 있었는데, 그는 물건을 사면 거스름돈을 가져오지 않고 이런 말만 반복했다. "내가 나가서 놀고먹은 게 아닙니다. 난 빵과 물만 먹고 산다고요!" 그러자 아페르가 이렇게 농담했다.

"그래 참새 씨. 알겠으니까 지금까지 빌려 간 것이나 갚아."

그리스에서는 이런 종류의 유머를 히포 토 에토스hypo to ethos, 즉 '성격에 맞춘 농담'이라고 부른다.[86]

[94] 멋진 농담은 더 비판할 수도 있지만 그 수위를 낮추는 것이다. 예를 들어 공직에 출마한 남자가 아페르에게 이렇게 말했다. "저는 당신의 가족을 항상

---

86 참새는 매우 친숙하면서도 시끄러운 새로, 빵과 물도 먹는다. 로마인들은 참새를 애완동물로 길렀다.

소중하게 생각해왔습니다." 아페르는 그의 말을 부정하는 대신 이렇게 농담했다.

"그렇다고 믿소. 마치 진리처럼."[87]

때론 자기 자신에 대해 말하는 것도 재미있다. 또한 뒷담화로 풀어내면 그저 그런 말이라도 공개적으로 하면 웃음을 자아낼 수도 있다. [95] 예를 들어, 어떤 군인이 아우구스투스에게 부적절한 요구를 했는데, 아우구스투스가 생각하기에는 다른 거물급 인사도 그가 들어주기 힘든 부탁을 하러 오리라 예상되었다. 그때 아우구스투스가 이렇게 농담했다.

"전우여, 이 거물이 내게 무엇을 청탁하든 들

---

87 이 대답은 빈정거리면서도 모호하다. (1) "그 말을 진리처럼 믿는다", (2) "당신은 진리를 소중히 여기지 않고 무심하게 대하듯 그렇게 내 가족을 대했다."

어줄 수 없는 것과 같이 당신의 요구도 들어
줄 수 없다오."

유명한 대사와 노래가사를 인용하기

[96] 재치의 정교함은 적절한 시를 인용할 때 더욱 배가된다. 글자 그대로 통틀어 인용하는 방법(이는 매우 쉬운 방법이어서 오비드Ovid는 마케르Macer의 4행시를 인용하여 형편없는 시를 비난하는 책을 쓰기도 했다)에는 약간의 모호성이 '더해져 짜 맞춰'(하하)진다면 훨씬 훌륭해진다.[88] 일례로 교활하고 노련한 라르티우스Lartius가 어떤 사건의 용의자로 떠올랐을 때 키케로가 했던 비판이 있다.

♬… 뗏목이 없었더라도 오디세우스 라르티

---

88 농담 대상의 서사시적 설명. 39절에서처럼 콘디투르condítur는 '구성된, 형성된'이라는 의미를 지니며, 콘디-투르conditur로 발음하면 농담이 '가미된, 덧붙여진'이라는 의미일 수도 있다. 퀸틸리아누스의 모호성은 키케로의 논고 218절에서 카이사르가 레베leve로 했던 말장난에 대한 응수로 보인다.

우스는 도망을 갔지.[89] ♫

[97] 한편 단어를 바꾸는 방법도 있다. 예를 들면 영 멍청하다고 여겨졌던 한 원로원 의원의 경우가 그렇다. 그는 아둔한 탓에 온갖 비난을 받았지만, 그가 유산을 상속받자 온갖 문제에 1순위로 관여해달라는 요청을 받기 시작했다.

♫유산은 지혜의 이름일 뿐.♫

이 농담에서는 '행복'을 '유산'으로 대치했다. 또는 유명한 시와 비슷하게 시구를 지어낼 수도 있다 (그리스에서는 '개작'이라고 부른다). [98] 속담을 재치 있는 말로 바꾸는 것도 역시 효과적이다. 예를 들어, 한 심

---

89 '손재주가 좋고 복잡한 사람' 오디세우스는 '라에르테스(라에르티우스)의 아들'이라고 불리기도 했다. (알려지지 않은 비극에서 따온) 이 인용구에서 키케로는 '라에르티우스'를 '라르티우스'라고 바꾼다.

술궂은 사람이 넘어졌다고 하자. 그가 일으켜달라고 도움을 구하면 이렇게 말할 수 있겠다.

> "이 낯선 사람이 당신을 일으키도록 허락 먼저 해주시오."

농담을 하기 위해 역사적인 사실을 끌어오면 잘 배운 사람처럼 보이기도 한다. 예를 들어, 키케로가 베레스의 재판에서 증인을 소환했을 때 호르텐시우스Hortensius가 말했다. "내가 이 수수께끼 때문에 아주 당황했소." 그 이야기를 들은 키케로가 그에 응수하여 농담했다.

> "글쎄, 그럴 일은 없었을 것 같은데. 당신 집에 스핑크스 있잖소."

과거 호르텐시우스가 베레스에게 비싼 스핑크스

동상을 선물 받았다는 사실을 알고 있기에 나온 농담
이었다.[90]

---

90 이 이야기는 플루타르코스가 번역했던 키케로의 농담 중 하나이다(『키케로의
생애』 7.6). 중요 구절은 거의 문자 그대로 옮겼다. ("그런데, 당신은 집에 스핑크스
가 있잖소.")

무표정을 이용하기

[99] '엉뚱한 추론'은 가짜 어리석음을 포함한다(그것이 가식이 아니라면 정말로 어리석은 것이다). 예를 들어보자. 어떤 사람이 작은 촛대를 샀다. 사람들이 그 촛대를 산 이유를 묻자 그가 대답했다.

"아점 먹을 때 쓰려고요."

엉뚱한 추론처럼 겉보기에는 터무니없는 것처럼 들리는 이야기가 때로 면도날처럼 날카롭게 날아들 때가 있다. 예를 들면 "당신 주인이 정원에서 안 쓰는 물건을 늘어놓고 판다고 하지 않았나?"라는 질문에 돌라벨라의 종은 이렇게 대답했다.

"주인님은 집을 파셨습니다만."[91]

[100] 곤란한 상황에 처한 사람들은 때때로 체면을 지키기 위해 농담을 하기도 한다. 예를 들어 어떤 증인이 피고가 자신을 칼로 찔렀다고 주장하자 변호사가 물었다. "상처라도 있소?" 증인이 허벅지에 있는 큰 상처를 내보이자 변호사가 대답했다.

"아니 옆구리에 말이오."[92]

모욕도 농담의 좋은 기회가 된다. 예를 들어, 어떤 사람이 히스포[Hispo]를 극악무도한 범죄로 고발하자 히스포가 그에게 이렇게 물었다.

---

91 이 말은 "정원에 벼룩시장을 어떻게 열겠습니까? 팔 것이 하나도 없는걸요."라는 뜻이다.

92 이 구절은 "옆구리가 (치명상으로) 좀 더 나았을 텐데."를 의미할 수 있다.

"지금 **나**를 고작 **당신**의 기준으로 판단하는 거요?"

마찬가지로 한 상관이 풀비우스 프로핀쿠스^{Fulvius Propinquus}에게 물었다. "자네가 가져온 명령서에 서명이 있는가?" 그가 대답했다.

"네, 그렇습니다. 진짜 서명이랍니다."

[101] 내가 농담의 가장 일반적인 밑바탕이라고 배웠거나 인정하는 유형들은 모두 다루었으나 진지한 연설만큼이나 유머의 유형도 무한하다고 다시 강조해야겠다. 유머의 유형들은 사람과 시간, 장소, 특히 변동이 심한 운과 밀접한 관계에 있다. [102] 어쩔 수 없이 그 유형들을 잠깐씩밖에 다룰 수밖에 없었지만 (통째로 빼먹은 것처럼 보일 테니), 일전에 언급했던 더 구체적인 내용, 다시 말해 농담의 실제적인 사용과 방법

에 관한 사항이 필수적이라는 사실을 망설임 없이 주
장하는 바이다.[93]

93　[28]에서 [35], 아니면 [57]을 의미하는데, 이 중 어느 것이라고 확언하기는
　　어렵다. 퀸틸리아누스는 자신의 논고의 이론적 개요를 마무리한 후에 예시를
　　덧붙였던 듯하다(세월이 지나고 프로이트도 『농담과 무의식의 관계』의 개정판에서 같
　　은 방식을 사용했다).

도시적 세련됨에 대하여

아우구스투스 시대의 유명한 시인인 도미티우스 마르수스^{Domitius Marsus}는 『도시적 세련됨에 대하여』라는 매우 정교한 책을 펴냈다. 그 책에서 그는 내가 앞서 나열했던 유형의 농담을 언급하면서, 엄밀히 말해 재미는 없지만 고유한 매력으로 미소를 자아내고 아주 심각한 상황에 잘 어울리는 농담들이라고 딱 알맞은 말을 덧붙인다. 마르수스가 옳다. 이러한 농담은 '도시적'**이기는 하지만** 본질적으로 웃음을 터뜨리지는 못한다. [103] 그가 그런 말을 덧붙인 이유는 그 책이 웃음이 아니라 사회적 특징인 '도시적 세련됨'에 관한 책이기 때문이다. 그의 설명에 따르면 도시적 세련됨이라는 단어가 지금 같은 의미로 이해되기 시작한 것은 로마 후기였는데, 그때는 적합한 이름이 생기기도 전이라 사람들이 '도시'라는 표현을 '로마'

라는 의미로 사용하는 데 익숙해졌을 무렵이었다.[94]
[104] 이에 대한 마르수스의 정의는 다음과 같다.

> '도시적 세련됨'이란 간결한 말에 담긴 일종의 힘이다. 이는 인간의 모든 감정을 사로잡아 즐겁게 하도록 설계되며, 특히 사람이나 상황에 맞게 문제 제기를 하거나 이에 맞대응하는 데 적합하다.

그가 내린 정의는 간결성을 제외하고 연설의 모든 덕목을 아우른다. 연설은 '상황과 사람'에 관한 문제이고 둘 중 하나에 관하여만 하는 이야기이며 그것이야말로 완벽한 웅변**이기** 때문이다. [105] 그가 왜 '간결함'을 넣으려 했는지는 모르겠다. 그가 같은 책에

94　영어에서 '인간의human'와 '인도적인humane'처럼 '도시의urban'와 '세련된urbane'은 본래 같은 단어였다. 두 번째 단어의 도덕적 성격은 첫 번째 단어에서 파생했다.

서 작가들에게 '긴 이야기의 도시적 세련됨'도 있다
고 주장하기 때문이다. 그리고 얼마 후 카토의 견해
를 따라 (그가 밝힌 바) 다음과 같이 정의를 내린다.

> 도시적인 사람은 기발한 말과 대구를 많이 가
> 지고 있는 사람일 것이며 — 대화 중에, 사교 모
> 임에서, 연회에서, 공개 석상에서, 그리고 **솔직**
> **히 말하자면** 모든 상황에서 — 적절한 유머를
> 섞어 말하는 사람이리라.

[106] 위의 정의를 받아들인다면 기발한 말도 '도
시적인' 말에 포함될 것이다. 뿐만 아니라 지식인들
은 이러한 생각을 바탕으로 '도시적인 말'을 '진지한
것', '재밌는 것', '진지 반 재미 반'이라는 하위범주
로 분류한다. '기발한 말'도 이와 똑같은 하위범주로
나눌 수 있으므로 이 분류는 합당하다. 그러나 어떤
농담은 도시적이라고 부를 수 없는 것 같다. [107] 왜

냐하면 도시적 세련됨이란 어긋나거나 미숙하거나 밋밋하거나 이상한 것이라면 말의 의미는 물론, 언어, 표정, 몸짓에도 담길 수 없음을 의미한다고 생각하기 때문이다. 또한 도시적 세련됨은 이러니저러니 하는 말이 아니라 전반적인 이야기의 흐름이라 그리스에서 '아티키스모스Atticismos'**95**가 아테네인들의 세련된 취향을 생각나게 하는 것과 비슷하다.

[108] 그래도 마르수스의 견해를 그저 무시하고 넘어갈 수 없으니 ― 그는 매우 인상적인 사람**이다** ― 이야기하자면, 그는 '진지한'이라는 표현을 '기품 있는', '경멸적인', '기품 반 경멸 반', 이 세 부류로 나눈다.

기품 있는 말의 예로 그는 키케로가 카이사르 앞에서 했던 연설 『퀸투스 리가리우스를 옹호하여』에서의 발언을 인용한다.

---

95 친 아테네주의. ― 옮긴이 주

"당신은 상처 외에는 아무것도 잊지 않는 분
입니다."

[109] 경멸적인 말로는 키케로가 아티쿠스에게 썼
던 편지 가운데 폼페이우스와 카이사르에 관하여 쓴
내용을 인용한다.

"그 둘 중 누구를 피해야 할지는 알겠는데 누
구를 따라야 할지는 모르겠소."

그가 '격언'이라고도 부르는, 기품과 경멸이 반반
이 섞인 말의 예시로는 『카틸리나에 대항하여』[4.3]
에서 키케로의 말을 인용한다.

"죽음은 결코 군자에게는 슬프게, 정치인에게
는 이르게, 철학자에게는 비극으로 다가오지
않는다."

마르수스가 예시로 든 이 모든 말은 창의적이다. 그러나 이 예시들이 특별히 '도시적'이라고 불려야 하는 이유는 잘 모르겠다.

[110] 그러나 (감히 말하건대) 전체적인 이야기의 흐름은 도시적이지 않더라도 개별 문장에 도시적인 세련됨이 인정되면 농담의 분류를 따라 나는 그 문장들을 '도시적'이라고 부르려 한다. 하지만 그 문장들이 진짜 농담은 아니다. 진지한 일에도, 희극 일에도 모두 만능이었던 아시니우스 폴리오^{Asinius Pollio}에 관한 설명을 예로 들 수 있다.

"그는 하루 24시간을 사는 사람이다."

[111] 즉석연설에 뛰어났던 어느 변호사를 설명하는 말도 마찬가지다.

"그는 똑똑함을 현금처럼 지니고 다닌다."

폼페이우스가 키케로에게 퍼붓는 (마르수스가 인용하는) 비난도 있다. 키케로가 폼페이우스와의 동맹 관계에서 뒤꽁무니를 빼고 있을 때였다.

"카이사르에게 가서 붙으시오. 그러면 **나**를 두려워할 수 있을 테니!"

이 말은 진지하게 한 말이 아니거나, 다른 의도가 있었거나, 혹은 폼페이우스가 아니라 다른 사람이 했다면 농담으로 받아들여질 수도 있었을 것이다. [112] 키케로가 카이렐리아에게 자신이 왜 카이사르 밑에서 끈기 있게 버티고 있는지를 설명하는 글도 마찬가지다.

"이 일을 감당하려면 당신에게는 카토의 심장이나 키케로의 위장이 필요하다."

왜냐하면 '위장'이라는 단어에는 본질적으로 재미있는 요소가 있기 때문이다.[96]

유머에 관한 이 모든 지식을 혼자만 간직할 수는 없기에 이렇게나마 전달해본다. 물론 약간의 오류가 있을 수도 있겠지만 나는 독자들을 속이지 않았다. 나와 반대되는 견해 역시 제공하려 애썼으므로, 만약 나와 다른 견해를 선호한다면 그에 따르는 것도 좋을 것이다.

---

96 현대 영어에서와 마찬가지로, 라틴어의 위장stomachus이라는 단어는 '참다, 견디다' 등의 뜻도 지니고 있는 다의어다. – 옮긴이 주

농담을 어떻게 받아들일 것인가

이 책의 주제는 '어떻게 농담할 것인가'이지만 '어떻게 농담을 받아들일 것인가'로 마무리하는 것도 적당하겠다. 만일 당신이 공개적으로, 그것도 상사에 의해 조롱의 대상이 된다면 어떻게 하겠는가? 기원전 43년, 키케로가 집정관으로 재직 중일 당시 플루타르코스는 우리에게 그 예시를 보여주었다. 그해 연말 키케로는 새로 선출된 집정관 루키우스 리키니우스 무레나Lucius Licinius Murena를 옹호하며 재치 넘치는 연설을 했다. 무레나가 명백하게 유죄였기 때문에 키케로는 상대 변호사였던 소 카토의 개인적인 신념을 조롱하여 판사의 주의를 다른 곳으로 돌리기로 했다 (『무레나를 옹호하여』 61~65를 보라). 카토는 그 당시 로마 철학계에서 아직 소수집단이었던 스토아학파의 독실한 추종자였다. 이 모든 사실을 고려했을 때 이 뒤에 무슨 일이 일어났겠는가? 플루타르코스는 이 일화를 두 번이나 언급할 정도로 좋아했다(『키케로와 데모스테네스 비교』 1.5와 『소 카토의 생애』 21). 이야기를 풀어가며 플루타르코스는 이렇게 말한다.

> 카토가 무레나를 고발했을 때 당시 집정관이었던 키케로는 그를 변호했다. 상대가 카토였기 **때문에** 키케로는 스토아학파와 그들의 어리석은 '역설'을 계속해서 조롱했다. 관중부터 판사에게까지 웃음이 퍼지자 카토는 일그러진 미소를 띠우며 주변에 앉아있는 사람들에게 이렇게 농담했다.
> "여러분, 우리 집정관님은 어찌나 웃긴 분이신지요!"

바로 이것이다. 분노도, 눈물도, 반^反 스토아학파에 대한 비탄도, 비굴함도, 우월의식도 없다. 단지 못된 농담을 던진 사람을 광대와 익살꾼으로 만들어버리는 함축적인 표현을 사용함으로써 사람들을 다시 제 편으로 돌려놓았다. 그러니 이런 일이 당신에게 일어난다면 손가락을 빙글빙글 돌리며 눈을 뒤집어라. 플루타르코스가 보기에는 그 전략이 백전백승이다.

참고문헌

    일레인 팬섬^{Elaine Fantham}이 2004년에 편찬한 『키케로의 『연설에 관하여』 당시의 로마 세계』는 키케로의 논고에 나오는 역사적 배경과 인물에 관한 최고의 입문서이며 앤서니 콜베일^{Anthony Corbeill}이 1996년에 집필한 『웃음 참기』는 정치적 맥락에 관한 상세한 분석을 제공한다. 메리 비어드^{Mary Beard}의 『고대 로마의 웃음』은 키케로와 퀸틸리아누스 논고의 희극적 맥락을 개관한다. 무엇보다도 리만^{Leeman}, 핀크스터^{Pinkster}, 라비^{Rabbie}가 편찬한 『연설에 관하여 제3권』(1989)에 담긴 유머와 철학, 수사학 등은 실로 보물이라 할 수 있다. 독일어를 읽을 수 없는 독자들은 메이^{May}와 비세^{Wisse}의 『키케로: 완벽한 연설가에 대하여』의 주석을 참고하면 좋다. 고맙게도 가장 핵심적인 부분들을 뽑아놓은 책이다.

Adkin, Neil. 2010. "A 'Limp' Joke? Cicero, 'De Oratore' II, 249," Latomus 69: 706–708.

Beard, Mary. 2014. Laughter in Ancient Rome: On Joking, Tickling, and Cracking Up. Oakland: University of California Press.

Bowen, Barbara C. 2003. "A Neglected Renaissance Art of Joking." Rhetorica 21, no. 3: 137–148.

Corbeill, Anthony. 1996. Controlling Laughter: Political Humor in the Late Roman Republic. Princeton, NJ: Princeton University Press.

Delius, Matthew (Matthaeus). 1555. De Arte Iocandi libri quattuor. Wittenberg: Kreutzer, Veit. VD16 D 451 (=Verzeichnis der im deutschen Sprachbereich erschienenen Drucke des XVI. Jahrhunderts, Stuttgart: Hiersemann, 1983–).

Fantham, Elaine. 2004. The Roman World of Cicero's De Oratore. Oxford: Oxford University Press.

Kumaniecki, Kazimierz (ed.). 1969. M. Tulli Ciceronis

Scripta quae manserunt omnia, fasc. 3: De oratore. Leipzig: Teubner.

Leeman, Anton D., Harm Pinkster, and Edwin Rabbie (eds.). 1989. De Oratore libri III, vol. 3 (2.99–290). Heidelberg: Winter.

May, James M., and Jakob Wisse (tr.). 2001. Cicero: On the Ideal Orator (De oratore). Oxford: Oxford University Press.

Melanchthon, Philip. 1555 (April 17). "A Few Thoughts on the Art of Joking" (Pauca de materia huius operis). Embedded in Delius 1555, A3r–8v. (Summarized in Bowen 2003, 141–142.)

Morreall, John. 2016. "Philosophy of Humor." In The Stanford Encyclopedia of Philosophy, ed.

Edward N. Zalta. Available at https://plato.stanford.edu/archives/win2016/entries/humor/(accessed June 11, 2020).

Mueller, Carl Friderich Wilhelm (ed.). 1879. "Ciceronis Facete Dicta." In M. Tullii Ciceronis Scripta quae manserunt omnia, vol. 4.3, pp. 341–350. Leipzig: Teubner.

Pigman, G. W. (ed.). 2019. Giovanni Gioviano Pontano: The Virtues and Vices of Speech. Cambridge, MA: Harvard University Press.

Russell, Donald A. (ed.). 2001. Quintilian: The Orator's Education, vol. 3 (books 6–8). Cambridge, MA: Harvard University Press.

Saltveit, Mark. 2020a. "Comedians as Daoist Missionaries." Journal of Daoist Studies 13: 213–221.

———. 2020b. Personal interview of April 8.

Sankey, Jay. 1998. Zen and the Art of Stand-Up Comedy. London: Routledge.

Stein, Joel. 2020. Personal interview of March 19.

옮긴이_ **김현주**

서울신학대학교 신학과를 졸업하고 현재 바른번역 소속 전문 번역가로 활동하고 있다. 옮긴 책으로 《어떻게 죽음을 맞이할 것인가》, 《멈추고 정리》, 《걱정하지 않는 엄마》, 《리버스》, 《우리는 왜 이별했을까?》 등이 있으며, 철학 계간지 《뉴필로소퍼》를 공역했다. 일상의 작은 행복에 크게 기뻐하며 주변 환경과 지구 환경을 소중히 여긴다.

어떻게 재치 있게 농담할 것인가?

초판 1쇄 인쇄 2022년 1월 20일 **초판 1쇄 발행** 2022년 1월 28일

지은이 마르쿠스 툴리우스 키케로 **엮은이** 마이클 폰테인 **옮긴이** 김현주
펴낸이 김종길 **펴낸 곳** 글담출판사 **브랜드** 아날로그

기획편집 이은지·이경숙·김보라·김윤아 **영업** 김상윤·최상현
디자인 박윤희 **마케팅** 정미진·김민지 **관리** 박지웅

출판등록 1998년 12월 30일 제2013-000314호
주소 (04029) 서울시 마포구 월드컵로8길 41 (서교동 483-9)
전화 (02) 998-7030 **팩스** (02) 998-7924
페이스북 www.facebook.com/geuldam4u **인스타그램** geuldam
블로그 http://blog.naver.com/geuldam4u

ISBN 979-11-87147-87-9 (04160)
      979-11-87147-61-9 (세트)

엮은이_ **마이클 폰테인** Michael Fontaine

콘웰대학교의 고전학 교수로, 고대 로마, 르네상스 시대, 종교개혁 시대, 계몽주의 시대에 대한 폭넓은 연구를 하고 있다. 저서로 《어떻게 술을 마실 것인가 How to Drink: A Classical Guide to the Art of Imbibing》와 《그리스 로마 희극에 관한 옥스퍼드 핸드북 The Oxford Handbook of Greek and Roman Comedy》이 있다.